献　辞

　　在我幼年的成长过程中，长辈亲人对我智力的启蒙和开发起到了重要作用。我是五岁半上的学前班，至今仍然清楚地记得，早在上学前班之前，三姑和四姑就按照每天一个被乘数，用了9个晚上，教会了我背乘法口诀。我七八岁时第一次听到的智力题，是二叔给我讲的。幼年是我人生的初始阶段，亲情是我幸福的源泉，怀念我幸运的幼年岁月，感恩我敬爱的长辈亲人，祝福我深爱的所有亲人。谨以此书：

献给我的幼年岁月和亲人！

培养逻辑脑

聂敬彦 著

挑战智力的逻辑游戏

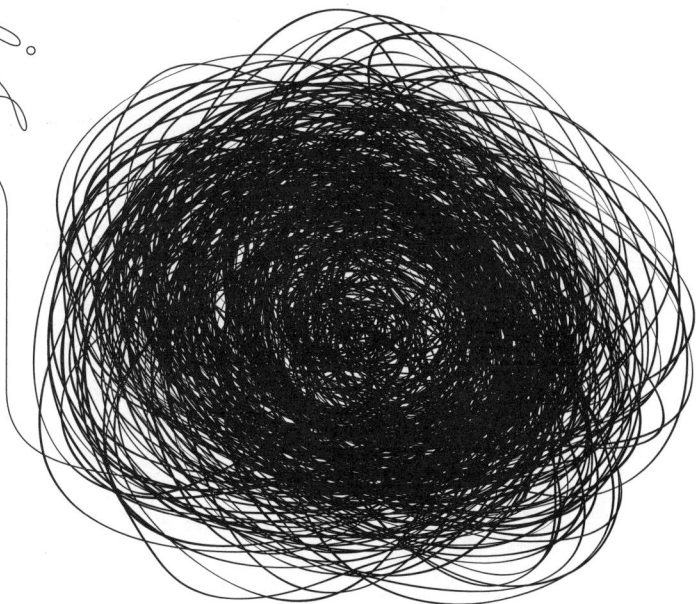

中国纺织出版社有限公司

内 容 提 要

智力题能锻炼人们的观察力、记忆力、注意力、思维力和想象力，是训练和提高智力的捷径。本书对智力题进行了全面深入的研究和总结，按照题目的类型进行了系统化的精细分类，内容广泛，独具特色，很多题目和解题思路都是作者独创的。全书精选了两百多道具有典型代表性的经典题目，解题思路清晰、透彻、新颖，语言表述通俗、流畅、易懂，图文并茂，引人入胜，有很强的可读性和很浓的趣味性，不但能提高读者的解题能力，而且能训练读者的智力，使读者尤其是青少年的智力得到大幅提升。

图书在版编目（CIP）数据

培养逻辑脑：挑战智力的逻辑游戏／聂敬彦著.--
北京：中国纺织出版社有限公司，2023.8
ISBN 978-7-5229-0742-0

Ⅰ.①培…　Ⅱ.①聂…　Ⅲ.①智力游戏—通俗读物
Ⅳ.①G898.2

中国国家版本馆CIP数据核字（2023）第126692号

责任编辑：郝珊珊　　责任校对：高　涵　　责任印制：储志伟

中国纺织出版社有限公司出版发行
地址：北京市朝阳区百子湾东里A407号楼　邮政编码：100124
销售电话：010—67004422　传真：010—87155801
http://www.c-textilep.com
中国纺织出版社天猫旗舰店
官方微博 http://weibo.com/2119887771
鸿博睿特（天津）印刷科技有限公司印刷　各地新华书店经销
2023年8月第1版第1次印刷
开本：710×1000　1/16　印张：15
字数：238千字　定价：78.00元

凡购本书，如有缺页、倒页、脱页，由本社图书营销中心调换

前　　言

　　聪明是指智力发达。人之所以是万物之灵长，与动物有着本质区别，其根本原因就在于人类智力发达——人比动物聪明得多。在人类社会中，聪明也是人们非常喜欢和欣赏的特征。任何正常的人，都不会否认和怀疑聪明的重要性。一个人是否聪明，既与先天因素有关，也与后天因素有关。对个人来说，先天的因素我们无可奈何，但后天的因素我们可以改变。人们通过学习，能使自己更加聪明。学习的内容有很多，其中，做智力题的效果最好，是能让人变得非常聪明的一条捷径。

　　智力题是用来测量和训练人，尤其是青少年智力的专门题目。心理学认为，智力是指人的一般能力，包括观察力、记忆力、注意力、思维力和想象力。其中，思维力是智力的核心。思维具有广阔性、深刻性、批判性、独立性、灵活性、敏捷性、逻辑性和创造性等重要品质。做智力题能够很好地锤炼人们的这些思维品质，对培养和提高人的智力大有益处。而且，智力题具有极大的趣味性和深邃性，常常能引起人们的巨大兴趣，这使智力题在开发智力这一活动中发挥着不可替代的重大作用，占据着独一无二的重要地位。

　　由于智力题是测量和训练智力的题目，因此，它与专门的知识性题目、百科知识题有着根本区别。智力题主要考察的不是人的专业知识和专门技能，而是智力，尤其是思维。解答智力题时，虽然会用到一些基础知识，但主要靠的还是人的思维能力。

　　需要特别指出的是，智力题绝不同于所谓的"脑筋急转弯"！虽然一些人在宣传"脑筋急转弯"方面的图书时打着"开发青少年智力，培养新的思维方式"之类的幌子，但细心的读者不难发现它们的根本区别：智力题用来开发智力收效最大，而那些"脑筋急转弯"作为笑话则更为合适。所以，所谓的"脑筋急转弯"，根本不能算智力题。

　　智力题并非纯粹的理论题目，它与实践是息息相关的。有很多智力题就来源于实际生活。人们常常会在工作和生活中遇到一些实际问题，尤其是在特殊情况下会出现有很大难度的实际问题。比如，如何节省路程和时间，怎样充分利用空间，在条件特殊的情况下怎么才能达到目的，等等。智力题来源于实践，学习和研究智力题，也对实践有帮助。解智力题的思路，可以指导我们解决许许多多的现实问题。比如，当交通工具不能同时搭载所有人员时，如何充分利用交通工具，用最短的时间使所有人到达目的地？懂得解答这类智力题，就能制订出最优方案。有些智力题还有助于我们在一些活动、游戏中获胜。比如，中央电视台《幸运52》、重庆卫视《魅力21》中的猜商品价格栏目，百度APP出品的全国首档实境博弈实验节目《决胜21天》中的尼姆博弈、巴什博弈环节，选手利用有关智力题的原理，能够在节目中轻易获胜。另外，学习和研究智力题，还可以帮助人们识破骗局。不少人曾在街头巷尾见过有人利用智力题的原理，专门摆摊设置骗局，比如算姓氏、插绳子盘的孔、玩扑克游戏残局等，知道了相关智力题的原理，就不会上当受骗了。

在我七八岁的时候，一天，二叔给我出了两道智力题，这两道题就是本书中的"三毛七分"和"七环银链"。那是我第一次听到"智力题"这个名词，也第一次顺利地解出了智力题。从此以后，我就迷上了智力题，无论闲忙，都对智力题有着非常浓厚的兴趣。在小学和中学时期，由于当时的条件限制，我只能偶尔听到或看到少数智力题。上大学时，我在图书馆找到了一些智力题方面的书，见到了很多智力题。但我发现，有的书题目过少，有的书结构不合理，有的书系统性不强，有的书解题方法不科学，这样虽然对提高人们的智力也会有一定的帮助，但还不够。我觉得，如果有一本题目数量很多、结构很合理、系统性很强、解题方法很科学的智力题著作，那将会对人们提高智力带来很大的帮助。那时，我就想写这本书。1995年夏天，在大学毕业前，我在稿纸上着手写。1997年有了电脑之后，我就在电脑上写。1999年6月，本书的初版由安徽人民出版社出版发行。之后，我一直对书稿进行着一些修改，2020年到2023年，我对全书进行了系统全面的修改。如今，完善后的书稿已经形成，可以说，这本书对智力题进行了全面系统的总结。

虽然任何题目都需要一定的智力才能解决，也都在一定程度上有益于提高智力，但智力题的要害是智力，解智力题最重要的因素是智力，它要考察的核心是智力，因此，本书在选智力题时，只选需要的知识是大众的、普及的题目，而非专门的、高等的。比如，透明的圆柱状瓶子装水后可以像凸透镜一样在阳光下点燃物品、虹吸现象的原理与运用，此类知识点不是大众都掌握了的，我就不把需要利用这类知识点解答的问题选作智力题；水有浮力、白炽灯会发热，这是大众都知道的常识，题目如果要利用这样的知识点作为解决方法，就可以选作智力题。有一些游戏题，像下象棋、复原魔方，哪怕非常有趣，但由于解这些题需要专业基础或者专门方法，因此，我就不把它们选作智力题进行研究；而像一些扑克牌游戏，规则简单，一看就懂，个别残局又具有明显的智力题特点，那就可以进行研究。又如，书中要用到逻辑能力的智力题，都不需要专业的逻辑学知识；而要用到数学能力的智力题，都只需要简单的初中以下水平的数学知识，不需要高中以上的数学知识。

为了让读者在读完这本书后，基本上能掌握智力题的解题思路与方法，收获更大，我着重做了两个方面的工作。一方面，我对智力题进行了系统分类，全书根据智力题的类别，分为综合思维能力方面的智力题和专门思维学科方面的智力题两卷。综合思维能力方面的智力题分为机巧类智力题和高深类智力题两篇，专门思维学科方面的智力题分为逻辑类智力题和数学类智力题两篇。各篇中，根据题目的细类，分为若干章节。另一方面，我在写解题思路和方法时，力争从答题者的角度去讲解题目，并尽量把解题过程讲得清晰、透彻，以使读者容易看懂，容易学会。

在写作过程中，我参考了不少书籍和资料，在此，谨向这些书籍和资料的作者表示由衷的谢意！由于研究能力和写作水平有限，书中肯定有不尽如人意之处。对于书中的错误和不妥之处，请读者朋友和有关专家不吝赐教，来信请发电子邮箱1958950500@qq.com！

目 录

上 卷

综合思维能力方面的智力题

第一篇　机巧类智力题 ▶ 2

第二篇　高深类智力题 ▶ 29

下 卷

专门思维学科方面的智力题

第三篇　逻辑类智力题 ▶ 98

上 卷

综合思维能力
方面的智力题

第一篇
机巧类智力题

第一章　打破思维定势

思维定势是一个非常显著的人类心理特征，人们总是喜欢按习惯看问题，按经验做事情。在工作和生活中，人们常常会因为"见得多了""上次就是那样"而产生思维定势。有时候，人们遇到的一些问题，包括很正常、很简单的一些问题，之所以解决起来觉得有困难，就是由于人们产生了思维定势。一些智力题就是利用这一原理，要么利用人们心中的定势，要么先造成定势，诱使人们上当，再使之陷入困境。

现实中不时会出现这样的情况，本来很正常的事情，当你换一种方式提问，利用人们的思维定势，或者故意诱使人们产生思维定势，往往会让人难以想到正确答案，甚至会被迷惑得百思不得其解。但当你把正确答案告诉他时，他会立即明白，恍然大悟。同时，往往会因为自己没有想到这么简单而又再正常不过的答案而报以歉意的微笑："噢……对、对、对！"

这类智力题，如果知道了答案，人们会觉得很简单，但关键是自己能否独立想出来。就如同哥伦布竖鸡蛋的故事一样，虽然方法很简单，但别人只有看了他的表演后才会做，因为他们都没有想到可以把蛋壳轻轻磕破一点。

第一节　挣脱束缚——打破固有观念形成的定势

人们在生活中会因为阅历与经验而形成一些固有的定势。比如，名字中有"勇""伟""豪"的，多会被认为是男性；有"丽""玲""艳"的，多会被认为是女性。

一些智力题就是利用了人们在生活中形成的固有观念,让人难以想到答案。其实,这些智力题的答案都是既出人意料,又在情理中的。解这种智力题,关键是要打破固有的思维定势。

1 牧羊归来

有一位牧民在家里建了4个独立的羊圈。一天傍晚,他放牧回来,把19只羊赶进羊圈后,每个羊圈的羊数变成了一样多。排除恰好有羊产羔的情况,请问,这是为什么?

—— 解 答 ——

既然4个羊圈的羊数一样多,那么,羊的总数肯定是4的倍数。排除过羊产羔的情况,说明肯定不只有19只,至少是20只。所以,除被放牧的19只羊外,家中肯定至少还有1只羊本来就在某个羊圈中。

一些人的观念里形成了羊圈原来是空的定势,就会难以想出这个问题的答案。

本题可以直接回答:家中有1只羊本来就在某个羊圈中。当然,说家中已有（4n+1）只（n为自然数）羊,最全面。

2 公安局局长与儿子

老张是公安局局长。一天,张局长领着一位男孩在街上走着,遇见了同事小李。小李开口道:"张局长好!这小孩长得真可爱,是您的孩子吧?"老张笑着说:"是我儿子。"可是,这个小男孩调皮地说:"但您不是我爸爸。"老张笑着说:"我当然不是你爸爸。"请问,这是怎么回事?

—— 解 答 ——

大家知道,与儿子对应的亲人是父亲或者母亲,老张不是小孩的父亲,当然就是母亲了。

解答这个问题的阻力在于许多人一看到"老张是公安局局长"就产生了老张是男人的思维定势,甚至因此陷入"怎么父亲说儿子是儿子,而儿子说父亲不是父亲"的死胡同,想不出所以然来。

类似的智力题还有很多。例如，问建筑工人的孩子，问战斗英雄的孩子。我在网上还曾经看到过这么一个好玩的视频：丈夫出差提前回家，看见妻子穿着睡衣，又听见浴室有人洗澡，于是怀疑妻子偷情，就怒气冲冲地问妻子洗澡的人是谁。妻子说，隔壁老王家里的淋浴器坏了，所以到家里来洗个澡。丈夫听后立即抄起家伙，打算冲进浴室找老王算账，结果，里面传来了一位女子的声音。原来，老王是隔壁的王大姐。这位丈夫陷入固有观念里，以为老王是男人。

还有一道智力题是孩子说大人是父母，大人说孩子不是儿子的，其原因就是，那个孩子是女孩。

3 两个分数

有两个分数，一个分数的分母比分子大，一个分数的分母比分子小。请问，这两个分数有可能相等吗？

——————————— 解　答 ———————————

在一些人的固有观念中，分数的分子和分母都是正数，因此，他们会认为这样的两个分数是不可能相等的。其实，有负数的话，是可以的。例如：

$$\frac{1}{2} = \frac{-1}{-2}$$

$$\frac{-1}{2} = \frac{1}{-2}$$

第二节　勿受迷惑——打破干扰因素形成的定势

人们在思考问题的过程中，如果受到干扰，尤其是误导性的干扰，可能就会把问题想错。

有一个电视节目设计的趣味游戏，颇能证明干扰的效果：主持人让嘉宾不断交替着说"月亮"和"亮月"。当嘉宾被这件事吸引注意力后，主持人突然问，神话中后羿射的是什么？很多嘉宾由于关注着不要把"月亮"错误地说成"亮月"，会把后羿射日的传说暂时忘掉，而把这个简单的问题错误地回答成"月亮"。

还有一个日常游戏，更能证明误导性干扰的强大负能量：两人面对面站立，甲说五官的名称，让乙指到自己的相应五官上。在没有干扰的情况下，乙当然可以迅速地指到自己相应的五官上。但是如果甲故意干扰，比如，甲嘴里说的是"鼻子"，但他的手却指向了自己的耳朵，这时乙往往也就跟着甲指到耳朵上去了，以至于让人觉得乙连自己的耳朵、鼻子都搞不清楚，十分可笑。

1 每人一只

喜欢旅游的杨心，来到了一个陌生城市，在这里，他看到的每个人都只有一只右眼，这是为什么？

—— 解 答 ——

因为人本来就只有一只右眼，另一只是左眼。

2 有28天的月份

一年有12个月，请问，哪些月份有28天？

—— 解 答 ——

一年的12个月都有28天。

3 肉眼凡胎的汽车司机

天上没有星星，也没有月亮，汽车也没有开灯，在没有路灯的漆黑柏油马路上，汽车司机小孙发现了前面路面上的一块黑布。小孙是肉眼凡胎，并没有特异功能，请问，他是怎么做到的？

—— 解 答 ——

司机发现了漆黑的柏油马路上有块黑布，那说明肯定有光线。既然没有月光、星光、汽车灯光，那就应该有其他光，有阳光应当属于最恰当的解释。题目给人营造了一种夜晚的气氛，其实，当时是白天，有日光。

还有一道类似的智力题：朋友说他昨天关掉卧室里唯一的电灯，打算在房间变暗之前躺到床上，而床离电灯开关有3米远，他居然做到了。请问，他是怎样做到的？

同样，很多试图求解这个问题的人，会不必要地认为故事发生在晚上。其实，当时是大白天，房间要到晚上才会变暗。

4 在沙漠中口渴时

假如你在沙漠中口渴了，这时有两杯水、一杯毒药、一杯尿，你会喝什么？

———————— 解　答 ————————

有的人会回答喝尿，说如果喝毒药的话，会被毒死。这些人是误以为总共只有两杯液体，其中一杯是毒药，一杯是尿。其实，题目说得很清楚，"有两杯水"，那当然是喝水了。

第三节　不被误导——打破前述事例形成的定势

人的思维有一定的模仿定势，这是人的心理特点。哪怕智商很高、非常聪明的人，思维也常会模仿。

我在上大学时，亲眼看到过一件因为模仿思维而犯简单错误的趣事。

一天中午，我们在上完课后照常到食堂用餐。食堂开饭迟了，大家围坐在饭桌旁，一边等开饭，一边闲聊。聊着聊着，一位同学对旁边的同学说："问你个字，'氵'加上个'来去'的'来'字怎么读？"他边说边用手指在桌上画了起来——"涞"。

被问的那个同学看着"涞"字说："读'来（lái）'。"

问话的同学点头表示同意："噢，对！读'来'。"接着他又写了一个字问道："那，'氵'加上个'来去'的'去'呢？"

被问的同学几乎想都没想，就说："读'去（qù）'！"

他这一说，惹得问话的同学开怀大笑。旁边的同学和被问的同学开始还觉得莫名其妙，随后猛然醒悟：原来，"氵"加上个"去"，不就是"方法""法律"的"法（fǎ）"字吗！这时，大家都笑了起来。被问的同学犯了这种简单错误，也觉得很好笑，跟着笑了起来。

为什么大学本科班的学生会把一个早在小学就学过、寒窗多年常用的"法"字错误地读成"去"呢？原因就在于前面问的那个"涞"字使大脑产生了思维定势，他顺着刚才的思路，可笑也很可爱地犯了一个可气也很可恨的错误，竟然把"法"字读成了"去"字。

之后，一些同学也用这个办法开其他人的玩笑，基本上都能奏效，被问的人多会把"法"字"认认真真"地读成"去"。我后来也问过一些人，有些人甚至还会说："这个字我不认识。"

2022年，我还在手机上看过一段主持人诱导伴娘说错话的小视频，也很有趣。在婚礼上，主持人问伴娘："我们一般会祝福新郎新娘什么？"伴娘回答："新婚快乐！"主持人继续问："那我们接着祝福伴郎伴娘……"伴娘说道："早生贵子！"听得大家哈哈大笑。后来，伴娘也不好意思地笑了。

一些智力题就是利用这种原理，用一个例子引导答题者产生思维定势，让他们答出错误的答案。在解决这类问题时，我们只要认真地进行辩证分析，跳出定势，问题就显得非常容易，自然也就会迎刃而解。

1 5等于多少

如果1等于5，2等于10，3等于15，4等于20，请问，5等于多少？

———— 解　答 ————

很多人根据前面的"规律"，会回答：5等于25。这是错误的，因为前面已经说了"1等于5"，那5自然就等于1了。

2 跑步比赛的名次

假设你在参加万米长跑比赛。一开始，你的名次不高，经过艰苦的努力，你在快到终点时超过了前面的第二名，之后，跑在你后面的人都没有超过你，那你最终是第几名？

———— 解　答 ————

你最终是第二名。很多人会被超过了第二名中的"二"误导，认为超过了第二名就成了第一名。其实，你超过了之前的第二名是你们二人的名次发生了互换，你由第三名变成了新的第二名，而之前的第二名变成了新的第三名。

3 旋转数字

6旋转180°会变成9，9旋转180°会变成6，那么，69旋转180°变成了多少？

———————— 解　　答 ————————

69旋转180°之后，还是69。因为9在右边，旋转180°后虽然变成了6，但到了左边；同样，6旋转成了9，但到了右边，所以，还是69。

第四节　寻找特例——打破一般情况形成的定势

人们在考虑问题时，多会自然而然地想到一般情况，很难想到特殊情况。现实中，不时会发生一般情况之外的特殊情况。虽然特殊情况是小概率事件，但也属于正常情况。我曾经看过这么一个资料，说某通缉犯胁迫一位高明的化妆师给他化妆，要求必须化成与自己的本来面貌没有丝毫相似的另外一个人。化妆师没有办法，只好帮他化妆。化完妆后，通缉犯看到镜子中的自己已经完全是另外一个人了，于是满意地离开了，准备到车站乘车逃亡。结果到车站后，很快就被警察抓到了。原因是，化妆师看过另外一个通缉犯的照片，他把这个逃犯化妆成了另外一个通缉犯的样子。

由于人们很多时候会忘记特殊情况，因此，他们会把一般情况当成所有情况。

一般情况或者多数情况下不会发生的事，特殊情况下会发生。有些智力题就是利用了人们的这种思维定势。如果人们只想到一般情况，就难以想到答案，而如果想到了特殊情况，就会觉得顺理成章。这类问题能充分开发人们"找特例"的能力，而解答这类问题，答题的人就要特别善于"找特例"。

1　倒霉的小偷

有一个手段高明的小偷，一天，他到某户人家偷得了一本无密码存折，之后，立即去银行取款。这时，失主肯定来不及发现家中存折被盗，更不可能去银行挂失。小偷的取款手续齐全无错，银行的营业员也不认识小偷。但当小偷在银行办理取款手续时，营业员却非常肯定地认定存折是偷来的，他报警后，警察抓住了小偷。为什么这个营业员能认出小偷呢？

———————— 解　　答 ————————

既然营业员认定存折是偷来的，那就证明他能发现存折不是取款人的，而且存折还是取款人通过非正当途径获得的。既然他绝对肯定取款人是贼，那就证明他认识这本存折，而且能肯定存折的主人未拜托他人来取款。当存折的主人是营业员自己时，他就能绝对肯定存折是偷来的。这倒霉的小偷盗得的存折恰好是银行营业员的。

在生活中确实发生过这样的事。我在南京读大学时就看到报纸曾经刊登过这样的消息：某银行取款处营业员早晨上班后放在家里的存折被贼偷了，贼怕夜长梦多，立即就到银行取款，结果正好这位营业员当班……

2 倒着的满杯水

小杰说，他可以让没有盖的杯子倒着的时候也有满杯的水。大家想一想，在什么情况下你也能轻而易举地做到？

——— 解　答 ———

把水杯倒放在有足够多水的桶中或其他容器中就可以了，这很容易做到。如图1-1所示。

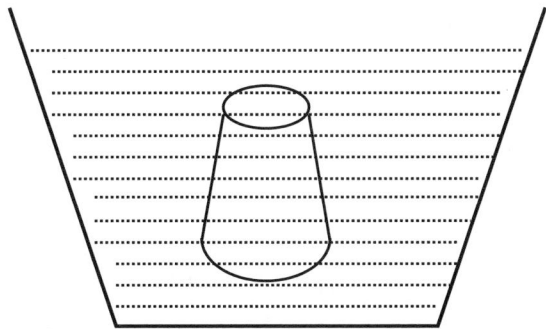

图1-1

3 炒豆豆

用一口锅同时炒绿豆和红豆，炒熟后，往盘子里一倒，就能把绿豆和红豆分开。请问，该如何操作？

——— 解　答 ———

只炒一颗绿豆和一颗红豆。

第二章　开拓思维路径

有些智力题不仅要求我们能打破思维定势，还要求我们能够更加仔细地注意题目所给的内容，开拓思路。

记得小时候看日本动画片《聪明的一休》，里面有这么一个故事：某地流行发高烧，但只有几个坏人知道退烧的方子。他们想制造一休与群众的矛盾，令一休为难，所以说可以把退烧方子告诉一休，但要求一休答应不能说给别人听。一休答应他们的条件后，他们告诉了一休退烧的方子。知道退烧方子却不能说出去，聪明的一休在穷苦的病人面前确实为难了。正当坏人为他们的计谋得逞而幸灾乐祸时，只见一休坐下来静静地进行着思考——把手指放在脑袋上画了几圈，便想出了一条妙计："不能说出去，那我就把它写在纸上张贴出去，让大家看到。"一休用这个办法把退烧的方子告诉了大家，为穷苦人治了病，使坏人的奸计未能得逞。一休在看似非常困难的情况下，正是通过开拓了思维路径，才想出了解决问题的巧妙办法。

第一节　突破狭隘

由于知识、阅历、能力等限制，人们对事物的认识往往局限在一定的范围内，甚至不少人都会产生狭隘认识。有的智力题就是利用人们对事物的狭隘认识，使人难以想到正确答案。解决这类问题，要看题目告诉了你什么内容，又问了你什么，不能在脑中先形成某种狭隘的认识。

1　单线隧道

在某条铁路线上，除了隧道，都是复线铁路。因为开挖隧道窄一些比宽一些容易，所以，在隧道内，铁路被设计成了单线。一天下午，一列火车从东方驶入隧道，另一列火车从西方驶入同一条隧道，而且这两列火车都在以高速行驶，但它们并未相撞。请问这是怎么回事？

———— 解　答 ————

既然火车并未相撞，就说明它们没有在同一时间占用隧道。也就是说，一列火车是在另一列火车通过隧道之后，才通过隧道的。题目只说是一天下午，并未说两列火车在同一时间进入隧道，我们不要自己预设两列火车在同一时间通过隧道。

所以，情况就是，在一天下午的不同时段，一列火车先通过隧道，之后，另一列火车从另一个方向通过隧道。

2　两对母女

几个女人上街去买裙子，这几个女人中，有两位是母亲，有两位是女儿。她们一共买了3条裙子，但每人都拥有1条。请问这是怎么回事？

———— 解　答 ————

3条裙子，每人1条，那说明只有3个人。3个人中有两位是母亲，有两位是女儿，那说明她们3个人是祖孙三代——一位女孩和自己的母亲、外祖母。

3　加上什么

姐姐给弟弟出了一道题目："在2和3之间加上一个什么数学符号，能使变成的数比2大，比3小？"弟弟回答说："这很简单，在2和3之间加上小数点'.'，变成2.3，它就比2大，比3小。"姐姐继续问弟弟，"在1和0之间加上一个什么数学符号能使变成的数比1小，比0大？"弟弟觉得这个问题有难度。请问，你知道答案吗？

———— 解　答 ————

仍然是小数点，这个数是0.1。题目并未限制1和0的位置，只说在1和0之间加上数学符号，因此，0.1完全符合题意。

4　挖地道

X国和Y国的边境是普通陆地，地面上用铁丝网隔离，不可逾越。X国境内，有甲和乙两个人，企图通过挖地道的办法偷越国境。但挖地道会把土堆到地面上，这样会被边境上每天巡逻的直升机发现。一天，甲乙二人又在讨论如何偷越边境的事。甲说："我们先盖一个小房子，假装是为了在里面住，然后在房子里面挖地道，把挖出来的土堆在房子里面，就不会被直升机发现。"乙说："房子里面只能存一点土，挖地道的土房子里面放不下。"甲说："我们把挖地道的土……这样，巡逻的直升机就发现不了我们在挖地道了。"乙觉得甲说的有道理。二人用甲说的办法，最后真的通过挖地道偷越了边境。甲的办法是什么？

—————————— 解　答 ——————————

一般挖地道要使地道全部为空，以便来回往返，因此，挖出的土方量会很大。但是，甲乙二人是为了偷越边境，他们不必返回，因此，他们身后的地道可以用来放土。

所以，甲的办法就是：挖地道的开始阶段，先把土堆在房间。之后，把土填在二人身后，但不填满，上面留下一点空隙，可以通气，供二人呼吸。这样，总共只需要在房子里面堆上少量的土就行了。由于土没有堆到房子外面，因此，巡逻的直升机发现不了。

第二节　考虑全面

人们在思考一些问题时，可能会因为有的情况不常见，或者比较特殊而忽略它们，造成考虑不周到，找不到现象发生的原因，想不到解决问题的办法。有的智力题，就是利用人们考虑有关问题时往往不全面这一特性而设计的。这些问题其实并不复杂，但却不能轻率回答、一概而论，必须把各种情况考虑全面，然后再做回答。

1 相连的两个月份

相连且都是31天的月份是哪两个？

—————————— 解　答 ——————————

按照从1到12月的顺序，一年中，有31天的月份有1月、3月、5月、7月、8月、10月、12月。很多人能想到相连且都是31天的月份是7月和8月，其实，12月和1月也是。所以，答案是两个，一是7月和8月，二是12月和1月。

② 探险者到的地方

有一个探险者到了一个地方，他向南走了1000米，然后再向东走了1000米，最后再向北走了1000米，结果回到了原来出发的那个地方。请问，这是什么地方？

——————— 解　答 ———————

很多人都能想到这个地方是北极。

一般地，能回答出北极，就算正确地回答出了这个问题。但答案不只是北极。

在周长是1000米的南纬线之北1000米的南纬线上，也是可以的。因为在这条南纬线的任意一个经度，向南沿经线走1000米，就走到了周长是1000米的南纬线上，在这一纬度，向东走1000米，就正好绕这条纬线转了一圈，回到了原来那条经线上，再向北走1000米，等于沿之前向南出发的经线原路返回，这样当然能回到原地。

能回答出这两个答案，很好了。但是，答案还不止上面这两个。我儿子聂天行看到这个题目后，还添加了下面的答案。

在周长是1000/n米（n为大于1的自然数）的南纬线之北1000米的南纬线上，都是可以的。因为在这些南纬线的任意一个经度，向南沿经线走1000米，就走到了周长是1000/n米的南纬线上。在这一纬度，向东走1000米，就正好绕这条纬线转了n圈，回到了那条经线上，再向北走1000米，等于沿之前向南出发的经线原路返回，这样当然能回到原地。

第三节　多义理解

很多词语和句子的意思不是唯一的，因此，我们理解一个词或一句话的意思，要放在不同的语境中。有时，一句话的意思可能有多种，甚至差别很大。本节的题目就是考察人们对文字的多义理解能力的。

① 为什么锤不破

小亮说：用他家的铁锤锤鸡蛋，锤不破。请问，为什么？

——————— 解　答 ———————

用铁锤锤鸡蛋，鸡蛋肯定能破，所以"锤不破鸡蛋"肯定不对。如果把"锤不破"理解为"铁锤不破"，那就合理了。

2 逃犯

有一个监舍关押了两个犯人。一天晚上，这个监舍的犯人全都逃跑了。第二天早上，警察打开这个监舍的铁门时，发现里面只有一个犯人，于是赶快向上级报告情况。请问，为什么第二天早上监舍里还有一个犯人？

———————————— 解　答 ————————————

既然第二天早上警察发现监舍里只有一个犯人，那就是只有一个犯人逃跑了。题目说的是犯人全都逃跑了，那这个"全都"就不是"全部"的意思。如果"全都"是犯人的姓名，就刚好解释了这个情况。也就是说，晚上只逃跑了一个名叫"全都"的犯人，另一个犯人没有逃跑。

还有一道题，和本题的道理相同，题目是这样的：如果有辆车，小红坐在正驾驶，小绿坐在副驾驶，小黄坐在后排左边，小蓝坐在后排中间，小橙坐在后排右边，问：这辆车是谁的？答案是：如果的。

3 连日拔牙

有一个人说他昨天拔了6颗牙，今天拔了8颗牙，但却没有发现他吃东西时有什么麻烦。这是怎么回事？

———————————— 解　答 ————————————

这个人是牙医，是为别人拔的牙。

网上流传的一个有趣短视频，和这道题的道理相同。一位美女相亲迟到了，她对男士说："不好意思，我刚才做了一个人流手术。"男士一脸嫌弃，转头就走。美女看着男士的背影，自言自语道："我们当医生的相个亲，怎么就这么难！"

第三章　创新思维方法

有的问题，按照常规的思路和方法可能无法解决或很难解决，但如果换一种思路和方法，就有可能解决甚至很好解决。特殊情况下，有的思路和方法会显得非常巧妙。这些问题要求人们有创新思维能力。

一些强力切割的机器，比如印刷厂切印刷品的机器，在早期，都是一个按钮。工人在操作这种机器时，会先把物品按照要求放在刀口上，然后抽出双手，去压按钮。但是，有的工人在整齐物品后，会忘了要把双手从刀口下抽出来，在一只手还在刀口下时，用另一只手去压按钮，结果把手切断。这样的案例不止一起，不时发生。工厂一直想解决这个问题，但很久都没有找到解决方法。后来，有人想到了一个并不复杂但很绝妙的办法：把按钮设计成两个，必须左右手同时按动，切刀才能启动，于是永远地解决了这个问题。

还有一个例子，某单位的供电线路有两条，当然，某一时刻只能接受一条路线供电，否则会发生事故。但有时，一条线路停电后，人们往往忘了撤下前一条线路就接上了另一条线路，那样，在前一条线路来电后，就会发生事故。为了解决这个问题，单位的工程师想了很多办法，但都不是很理想。后来，有人提出了一个很简单但非常实用的方案，把调整线路的器材设计成"Z"形，以中心点为圆心转换，这样，当需要新接一条线路时，旧的线路必然会先断开，从而巧妙地解决了这个问题。

还有一个情况，人们经常会遇到，那就是，在照相时，不时会出现闭着眼睛的情况。因为，人会不自觉地过一会儿眨一下眼睛，如果照相的人闭眼的那一瞬间，摄影师刚好按快门，那照片上就会出现闭眼的情况。为了解决这个问题，一般情况下，摄影师在按快门前，会提醒大家，数"一二三"，到"三"的时候，让大家不要闭眼。但即使这样，一些人还是会不自主地眨眼。后来，一位摄影师想到了一个绝招，那就是，让大家先把眼睛闭上，他数到"三"的时候，大家把眼睛睁开。这时，每个人都睁大了眼睛，照片上再也没有出现过闭眼睛的情况。

第一节　利用条件，另想高明方法

一定的事物，必然具备一定的性质和特点，我们在解决有关事物的问题时，要紧紧围绕着解决问题的真正目标，充分考虑到这些事物或明或隐的特性，充分利用当前的条件，想出非一般情况下的高明方法。

司马光砸缸就是另想高明方法的一个经典例子。小孩掉到大缸中，要救孩子，真正的目标是让孩子不被水淹着，一般情况下，人们会把孩子从缸中捞出来，但司马光年龄太小，没有能力把掉进大缸中的孩子捞出来。在这种危急情况下，司马光充分利用石头可以砸破大缸的条件，把缸砸破，让水从缸中流出来，成功地救了孩子。

1 圆桶分水

如图3-1所示，有一个能装8斤水的圆柱形水桶装满了水，另外还有一个能装6斤水的空桶。现在要把水平均分成两份——每份4斤，又没有别的衡量器材，可以分吗？怎么分？

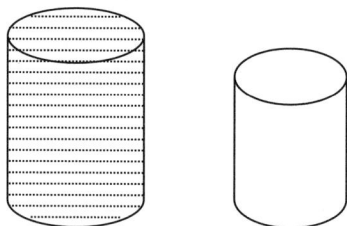

图3-1

―――――――――――― 解　答 ――――――――――――

利用圆柱形桶的特点，把装有8斤水的桶向能装6斤水的空桶中倒，当倒到刚好要露出桶底时，桶内正好剩下桶容积的一半——4斤，停止倒水，就分成功了。如图3-2所示。

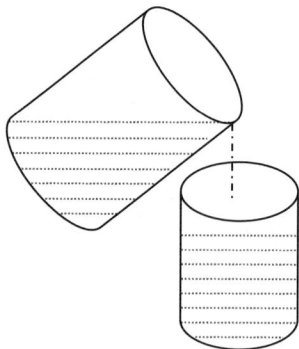

图3-2

2　瓶子的容积

如图3-3所示，只在瓶颈以下有刻度的瓶中装有800毫升水，现在问你，不用别的器材，你能知道这个瓶子的容积吗？

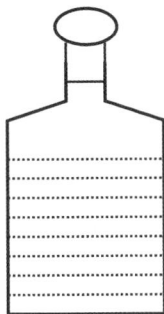

图3-3

───── 解　答 ─────

把瓶子倒过来，看刻度可知空余部分的容积，再加上水的体积800毫升，就知道瓶子的容积了。

3　移茶杯

如图3-4所示，桌面上等距离放着6只同样的茶杯，左边三个杯子中装有水，右边三个杯子是空的。

图3-4

现在想把杯子调整成有水的杯子与空杯子相间，如图3-5那样，请问最少需要动几个杯子？具体要怎么移？

图3-5

挑战智力的逻辑游戏

—— 解 答 ——

比较一下图3-4和图3-5，它们的区别就是：图3-4从左数第2个杯子有水，第5个杯子空着，而图3-5正好相反，第2个杯子空着，第5个杯子有水。人们通常会认为需把第2个杯子与第5个杯子换一下，这样需要动两个杯子。其实，题目要求的核心是把第2个杯子中的水"变"到第5个杯子中。

所以，最少移动一个杯子就可以了。其方法是，把第2个杯子端起来，将水倒入第5个杯子，然后再把第2个杯子放回原处即可。

4 死针活闹

老崔明天早上需要4点起床，到外地出差赶火车，但讨厌的是闹针定在了平日的起床时间——6点上，而且闹针还动不了了。但他明天要赶火车，绝不能误点，这可怎么办呢？

—— 解 答 ——

闹针定在了6点上不能动，因此，它只会在时针走到明晨6点时响铃。要想在明晨4点响铃，那么，只能让钟表认为明晨实际时间4点时是6点。这样，只有一个办法，那就是把时针拨快两个小时。到明晨实际时间4点时，时针会指向6点，闹钟便会响铃了。

5 军车过山洞

有一辆军车高3米，在执行任务途中遇到一个山洞，洞高恰好也是3米，这样就会产生摩擦，不但可能损坏军用物资，还可能发生爆炸。为了不让军车与山洞产生摩擦，车顶需要与洞顶保持距离，哪怕是一点也行。但时间紧张，又不能把军用物资搬下来一部分，更不可能把山洞挖高些。有什么好办法吗？

—— 解 答 ——

让军车与洞顶保持一点距离，也就是让军车的高度比洞的高度低一点。因为山洞不可能升高，所以，只有想办法让汽车降低一点高度。汽车上能很快降低高度的地方只有轮胎。所以，办法就是把车胎的气稍微放出一点，这样便能降低一点高度。

18

6 船过桥洞

有一艘装着空桶的小船，货物不算重，但较高，结果过桥洞时，货物的顶部刚好高于桥洞，不好通过。由于在河道中间，卸货很不方便。现在，有什么好办法能使船通过桥洞吗？

———— 解　　答 ————

为了降低船的高度，可以给船上增加一些重量。由于船上有空桶，因此，拿出几个桶，从河里给桶装上水，就能增加船上的重量，降低一些高度，这样便能通过桥洞了。

7 原野着火

一个山村的商人，经常从城里买火柴到村庄零售。冬季的一天，他背着火柴从长满干草的荒原经过，突然发现身后的原野着火了，而风正朝着自己这边刮来，想要跑出荒原已经不可能了。这种情况下，他怎样做才能逃生呢？

———— 解　　答 ————

这种情况下逃生，关键是要让自己待的地方没有干草。他身上带着火柴，因此，他可以背对着风，把自己跟前的荒草点着，风会吹着火势向前，烧光前面的草地，过一会儿，他走到前面烧过的空地上，后面的火就烧不到他身边了。

8 盲人分袜子

商店里出售的袜子都是成双成对的，每双的两只袜子用商标贴在一起，而且不分左右脚。

一天傍晚，两个盲人朋友到商店里买了四双质地一样的袜子，每人一双白色袜子、一双黑色袜子，总共是两双白色袜子和两双黑色袜子。到分手时，他们想各自拿上袜子回家，却发现四双袜子混放在了一起。虽然盲人的触觉很灵敏，但质地一样的袜子靠手摸也不能分辨出黑白来。最后，其中一位聪明的盲人终于想出了一个非常巧妙的办法，在没有外人帮助的情况下保证了每人能分到一双白袜、一双黑袜。你知道他们是怎么分的吗？

—— 解　答 ——

既然袜子不分左右脚，那么，要想各得到一双白袜、一双黑袜，也就是各得到两只白袜、两只黑袜。由于新买来一双袜子的两只是用商标贴在一起的，因此，把每双袜子分开，两位盲人各拿一只，四双袜子分完后每人就会各得到两只白袜、两只黑袜。这样，就等于两人各分到了一双白袜、一双黑袜。

9 三毛七分

这是一道很早的智力题，那时候物价还很低，农村有许多人家照明用的还是煤油灯。

一斤煤油三毛六分，一盒火柴二分钱。燕燕家的油灯没有油了，妈妈让她去商店买一斤煤油，顺便再买一盒火柴，好给家里晚上照明。可妈妈找了半天，家里只有三毛七分钱。燕燕知道油可以按两卖，就告诉妈妈说，不要紧，我有办法只用三毛七分就买回来一斤煤油和一盒火柴。你知道她用的是什么好办法吗？

—— 解　答 ——

如果按平常那样去买，肯定买不来，所以，要看有什么条件可以利用。生活中，人们买东西遇到价格小于最小货币单位的时候，如果买的东西不能成为整数，就需要四舍五入，零数不够五时，商店会舍掉。这是此题的关键"条件"。但一斤煤油的价格并不存在零数的问题，那么怎么办呢？需要给它创造零数——用"两"的价格来计算，就有了零数。有了零数，也就存在四舍五入的问题了。但是，舍一次最多只能舍掉四厘钱，所以，要多舍几次。例如，分三次买煤油，可以先买四两，再买四两，后买二两，四两和二两煤油的价钱都不是整数，需要四舍五入，这样，就能把零数舍掉，三次共能舍去一分钱。

买煤油的花费情况是：

第一次买四两，花费：$0.36 \times 0.4 = 0.144 \approx 0.14$ 元；

第二次买四两，花费：$0.36 \times 0.4 = 0.144 \approx 0.14$ 元；

第三次买二两，花费：$0.36 \times 0.2 = 0.72 \approx 0.7$ 元；

三次共买一斤，花费：$0.14 + 0.14 + 0.7 = 0.35$ 元。

这样，买一斤煤油就只花了三毛五分，还剩二分钱，可以买一盒火柴。

⑩ 油浅芯短的灯

在没有电灯之前，人们照明用的是油灯。一天晚上，家里油灯的油不多了，灯芯也短了，眼看灯芯就够不着油了。但是，家里既没有油，也没有灯芯了，而且，倾斜油灯也解决不了问题。这种情况下，如果还想再用上一会儿油灯，使油灯能继续亮着，有什么办法呢？

—— 解　答 ——

解决这个问题的核心是要使灯芯能够得到油。对于平放着的油灯，有两条途径能使灯芯够到油，一条途径是让灯芯下降；另一条途径是使油面升高。由于灯芯短了，不能下降，因此，只有想办法让油面升高。让油面升高的本质其实就是让灯腔底部多些可以放得住的物质，以使油面上升。加油当然可以，一般也就是这么做的。但现在家里没有油，所以，只有加些别的可以放到底部又能在底部待得住的东西。加比油密度大的水或不渗油的固体物品如石子等，就是好办法。

其实，这和我们在小学时学习的课文《乌鸦喝水》的道理是一样的。《乌鸦喝水》讲的是：一只乌鸦口渴了，它看到一个瓶子中有水，但水太少，他的嘴巴够不着。怎么办呢？乌鸦就把小石子一块一块地往瓶子里衔，随着瓶子里面的石子越来越多，水位不断上升，最终，乌鸦喝到了水。

第二节　破除陈规，另想高超方法

很多时候，人们解决问题都是按照传统的办法进行的，殊不知，一些传统的办法可能受当时认知或条件的限制，解决不了问题，或者虽然能解决问题，但并不是最好的办法。有时，需要破除陈规，才能找到更加高超的方法，解决甚至很好地解决面临的难题。

① 超长行李

某航空公司规定，旅客可以托运的行李尺寸限定在长、宽、高皆不得超过1米。为了方便旅客，航空公司还提供免费借行李箱的服务。当然，所有规格的行李箱都符合航空公司的规定，最大的就是长、宽、高皆为1米的箱子。一位武术爱好者乘飞机时，携带了一把长刀，但长刀超过了1.6米，装进刀鞘中，有1.7

米。由于刀长超过了航空公司规定托运行李的长度，因此，这位武术爱好者犯了难。这时，一位数学家旅客给武术爱好者出了一个主意，结果，问题迎刃而解。请问，数学家是怎么解决这个问题的？

—————————— 解　　答 ——————————

数学家的办法是：从航空公司借一个长、宽、高皆是1米的行李箱，把刀按箱子对角线的位置装进去。由于行李箱的长、宽、高皆是1米，因此，其对角线的长度是1.732米，能装下这把长刀。

2 放啤酒瓶

四个完全相同的开了口的啤酒瓶，把它们怎么摆放在桌面上，能使四个瓶口之间的距离两两相等？

—————————— 解　　答 ——————————

在一个平面上，要想使瓶口之间的距离两两相等，只能是正三角形的三个顶点。四个瓶口在一个平面，无论如何放置，都不能实现瓶口之间的距离两两相等，因此，要利用立体图形，使每三个瓶口在同一平面形成正三角形。按照这一思路，把三个瓶子正向放，一个瓶子倒向放在前面三个瓶子的中心，使这四个瓶口刚好形成一个正三角锥，这样，它们之间的距离就两两相等了。如图3-6所示。当然，把三个瓶子倒向放，一个瓶子正向放，也是可以的。

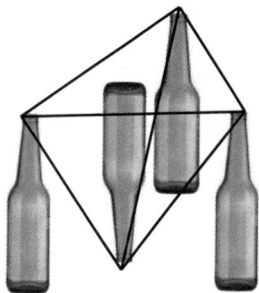

图3-6

下面这道题可以看作本题的升级版。

在沙滩上，有四根筷子，如何放置，能使四个筷头两两之间的距离都等于筷子的长度？

这道题的答案是：把三根筷子平放在沙滩上，使筷头与筷尾相接，呈正三角形，然后，把第四根筷子插向这个正三角形的中心，插入的深度正好使这根筷子的筷头与前三根筷子筷头的距离等于一根筷子的长度。如图3-7所示。

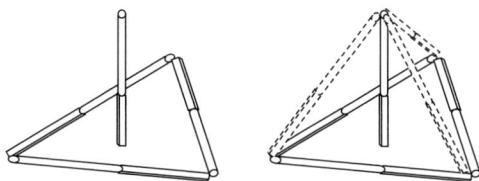

图3-7

3 切西瓜

一个西瓜三刀切成七块很容易，如图3-8所示。但三刀要切成八块，有时人们却不容易想到切法。如果让你切，你能只用三刀就把西瓜切成八块吗？

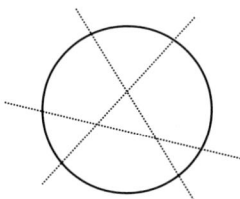

图3-8

——— 解　答 ———

三刀把西瓜切成八块需要用立体方法，如图3-9所示，把西瓜前后、左右、上下之间各切一刀就行了。八块西瓜分别是：AOBF、AOBE、AOED、AODF、COBF、COBE、COED、CODF。

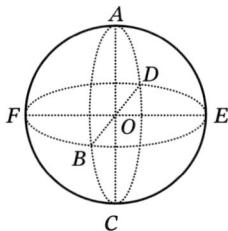

图3-9

4 两个王子赛马

肥马国的国王有两个儿子，两个儿子各有一匹千里马。国王为了看两个儿子哪个更聪明，以便日后选人继承王位，他想了一个好办法。一天，他让两个儿子把各自的千里马骑来拴在宝殿前，对两个儿子说，你们现在骑着马到城外20里处的青草湖边，看谁的马到得晚。两个儿子想，平日训练都是看谁的马跑得快，比赛也是看谁的马先到，今天却倒好，看谁的马后到，这可怎么办呢？如果你是国王的儿子，能想出尽量赢得这场比赛的妙法吗？

—— 解　答 ——

两马比赛，要让自己的马后到某地，也就是要让对方的马先到某地，对方的马先到湖边了，自己的马就会后到湖边。所以，应该立即骑上对方的马，飞快向青草湖边奔去。

5 一棋盘的麦粒

相传，古代有一位哲学家，他解决了国王的许多问题后，国王要赏赐他，问他想要什么。哲学家说，我想请国王赏赐给我一些麦粒。国王问他要多少，他说，棋盘上有64个格子，给第一个格子放1粒，给第二个格子放2粒，给第三个格子放4粒，给第四个格子放8粒，以此类推，下一个格子的麦粒都是上一个格子的2倍，这样放完整个棋盘，我就要这么多麦粒。国王认为没有多少麦粒，就满口答应了，说："那你明天到粮库来取吧。"哲学家走后，国王把粮库官叫来一算，吓了一跳。要按照哲学家的要求放满棋盘，需要 $2^{64}-1=18,446,744,073,709,551,615$ 粒麦。一立方米麦子大约有142,000,000粒。这么多麦粒，堆起来大约有130,000,000,000立方米。假如造一个宽4米、高4米的粮仓，粮仓的长度要超过800万公里，可以绕地球赤道200圈，或在地球和月球之间打10个来回。按照当时的产量，这么多麦子，全世界要生产几千年才够。但是，国王已经答应了哲学家，不能反悔，那么，明天怎么应对呢？这时，粮库官给国王出了一个主意，解决了这个难题。请问，这个主意是什么？

—— 解　答 ——

每立方米的麦粒大约有142,000,000粒，如果一粒一粒地数起来，就算哲学家每秒能数10粒，每天数10个小时，一年也数不完。那就算他终生数麦粒，也顶多只能数100立方米，国王的粮仓就能满足他。何况，他不可能那么数。所以，粮库官给国王出的主意就是，请哲学家按照他提的要求，数出他要的那些麦粒。这样，哲学家只能自动放弃。

莎士比亚的名剧《威尼斯商人》中有一个故事，解决问题的办法与此题虽然看起来不同，但道理相通。威尼斯商人安东尼奥向犹太商人夏洛克借了一笔钱。夏洛克为了报复安东尼奥，情愿不要利息，约定在期限到来之时，如果安东尼奥不能还钱，就要由夏洛克在安东尼奥的胸口上取一磅肉。后来，安东尼奥不能按期还钱，于是，夏洛克就向法庭起诉，请求按照合同履行，从安东尼奥的胸口上取一磅肉。安东尼奥朋友的妻子鲍西娅聪明过人，她装扮成律师，在法庭上救下了安东尼奥。鲍西娅说，按照合同，夏洛克有权在安东尼奥的胸前取一磅肉，但是，合同上只写了取一磅肉，所以，如果在取肉时流出一滴血，或者所割的肉超过或不足一磅，那就是谋杀，要按照威尼斯的法律抵命并没收全部财产。夏洛克既根本没有办法在割安东尼奥的肉时不让安东尼奥流血，也根本没有办法割下不多不少刚好一磅肉，因此，只能认输败诉。

6 小锅烙烧饼

一个烧饼要分别烙两面才能熟，假如连续烙一分钟可以烙熟一面。现在有一个小平底锅，只能同时放两个烧饼，那么问你，烙熟三个烧饼最少需要几分钟？怎么烙？

— 解　答 —

需要3分钟。我们假设有A、B、C三个烧饼，把烧饼的两面假设为正面、反面。第一分钟烙A和B的正面；第二分钟烙B和C的反面；第三分钟烙A的反面和C的正面。这样，3分钟刚好可以烙熟三个烧饼。

7 一笔写成

有的字，一般情况下，一笔是写不成的，但也可以用特殊办法写成。比如，"工"字如何用一笔写成？

— 解　答 —

按"常理"，一笔怎么也写不出个"工"字来。因此，要想其他办法。把

"工"字写成空心字就可以一笔写成了。

所以，办法就是：写空心字工。

第三节　新辟思径，另想高妙方法

有些问题，受条件所限，看似没有办法解决，其实是因为思路受到了限制，如果新辟思径，另想高妙的方法，就有可能解决甚至轻松地解决。

《史记·孙子吴起列传第五》记载："……忌数与齐诸公子驰逐重射。孙子见其马足不甚相远，马有上、中、下辈。于是孙子谓田忌曰：'君弟重射，臣能令君胜。'田忌信然之，与王及诸公子逐射千金。及临质，孙子曰：'今以君之下驷与彼上驷，取君上驷与彼中驷，取君中驷与彼下驷。'既驰三辈毕，而田忌一不胜而再胜，卒得王千金……"[1]把这段话翻译一下，就是："田忌经常与齐国众公子设重金赌注赛马。孙膑发现他们的马脚力都差不多，马分为上、中、下三等，于是对田忌说：'您下次赛马时，尽管下大赌注，我能让您取胜。'田忌相信并答应了他，与齐王和各位公子用千金来赌。比赛即将开始，孙膑说：'现在用您的下等马与他们的上等马比，用您的上等马与他们的中等马比，用您的中等马与他们的下等马比。'三场比赛结束后，田忌一场败而两场胜，最终赢得齐王的千金赌注。"孙膑给田忌出的这个主意，就是新辟思径的高妙方法。

1　公用小船

河边有一个村子，为了过河方便，三户关系好的人家合伙买了一只小船。小船靠岸后，可以用一段链子把小船锁在岸上的大树上，这样，能防止外人把小船开走。虽然三家各有一把锁，但每把锁都只配有一把钥匙，因此，只用一把锁把小船锁上，钥匙无论保管在谁手中，另外两家人用船时都要到保管钥匙的人那里取钥匙，这样比较麻烦。后来，有人想到了一个好办法，把三把锁都用上，既能保证他们三家人只拿上自己的钥匙就能把船开走，又能保证他们不用船时可以把船锁好，不让外人开走。请问，这个办法是什么？

---

[1]　《史记》，中华书局，2000年1月第1版，第1720页。

—— 解　答 ——

把三把锁像链子一样串起来，两头的锁锁在链子上。这样，三家人谁来开船，都只需打开自己家的锁就能把船开走。用完船后，再照这个办法把船锁好，外人便不能开走。

2　锁箱子

兄弟俩分住在两个小岛上。一天，哥哥想请在两岛之间每天往返多次的班船上的船工给弟弟送一幅名画。他把名画装进箱子后，上了锁。但他担心船工在送画的途中把名画替换掉，因此，装上名画后，不能让船工拿到钥匙。虽然弟弟家也有一把锁，但由于箱子上锁的地方是一个环，因此，即使有两只锁，也只能加锁，即两个锁可以同时穿过锁环，而无法把两只锁连环起来使用。请问，有没有办法让船工安全地把名画送到弟弟家中？

—— 解　答 ——

哥哥先把名画装到箱子里，锁上自己的锁，让船工把箱子送到弟弟家。船工送到弟弟家后，弟弟再加上自己的锁，让船工把箱子送回哥哥家。船工送到哥哥家后，哥哥打开自己的锁，取下，再次让船工把箱子送到弟弟家。船工送到弟弟家后，这时只有弟弟的锁锁在箱子上，弟弟可以打开锁，拿到名画。

3　口袋下部的粮食

有一只一边开口的口袋，下半截装着大米，上半截装着黄豆，中间用绳子紧紧地扎着，能把大米和黄豆分开。现在只有另外一个大的空袋子，要把大米倒到空袋中，有什么好办法？

—— 解　答 ——

在过去，这是一个实际问题，农民生产的农作物品种多，但是口袋有限，有时只好把几种东西放在一个袋子中，中间用绳子扎紧分开。当需用放在袋子下半截的粮食时，就要利用本题的办法了。

这个办法分以下几步：

（1）把空袋子翻过来，倒入黄豆。

（2）把装黄豆的部分用绳子扎紧封口，再把未能装满的部分翻正，把大米倒进来。这时，原袋子已经空了。

（3）再从里面把绳子解开，把黄豆倒入原口袋。

这样，两个袋子各得其所。

4 称不准的天平

有一架天平，由于两臂移动，所称的重量不准确。这架天平配有100克、200克、200克、500克共4个砝码。现在想利用这架天平，从一袋米中称出1千克。问：如何称？

———————————————— 解　答 ————————————————

由于天平不准，因此，不能采取直接称重的办法。但由于天平的4个砝码共1千克，因此，可以先把这4个砝码放在天平一边，比如左边，然后给右边放米，等天平平衡后，把4个砝码移走，再从袋子里拿米放在左边，等天平再次平衡时，左边米的重量就正好是1千克。

《三国志·魏书·武文世王公传第二十》记载了这么一个故事：曹冲"少聪察岐嶷，生五六岁，智意所及，有若成人之智。时孙权曾致巨象，太祖欲知其斤重，访之群下，咸莫能出其理。冲曰：'置象大船之上，而刻其水痕所至，称物以载之，则校可知矣。'太祖大悦，即施行焉。"[1]这段话翻译成白话就是：曹冲自幼天资聪慧，五六岁的时候，智力水平就像成年人一样了。当时，孙权送来了一头大象，曹操想知道这头大象有多少斤，便问他的众多下属有什么办法，下属都想不出来称象的办法。曹冲说："把大象放到大船上，在水面达到的船身上做上记号，再让船装载其他东西，称一下这些东西，就能知道大象的重量了。"曹操听了很高兴，马上按照这个办法做了。这就是历史上非常有名的曹冲称象的故事。曹冲称象的办法和此题的道理相通。

————————

❶　《三国志》，中华书局，2000年1月第1版，第433页。

第二篇 高深类智力题

第四章　观察与判断

观察力不但是智力的重要组成部分，而且，它往往还是思维的前提。解决很多问题时，只有观察正确，才能思考出正确的结论。本章专门考察人们观察几何图形和特定运动的情况，有的题目还要求根据有关情况，对结果进行判断。

第一节　几何图形的数量或结构

线条和形状多的几何图形组合到一起，往往会形成包含大量某一种形状的复杂图形。很多时候，数某些形状的数量，也不是一件轻而易举的事情。双面或立体的图形，特殊的结构，各面之间会有一定的关系，观察这些结构不同部分的关系，在不同的情况下是个什么样子，也很考验人的智力。

1　正方形的数量

图4-1中，共有几个正方形？

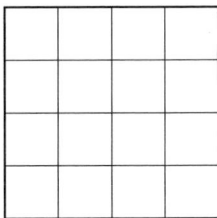

图4-1

─────── 解　　答 ───────

最小的正方形有4×4=16个。

包含4个小正方形的正方形有3×3=9个。

包含9个小正方形的正方形有2×2=4个。

包含16个小正方形的正方形有1×1=1个。

所以，共有16+9+4+1=30个正方形。

针对这类题目有一个公式：假设最小的正方形有$n×n$个，那么，就共有$1^2+2^2+\cdots+n^2$个正方形。

2　五星上的三角形

图4-2是一个五星图案，请问，这个图中共有多少个三角形？

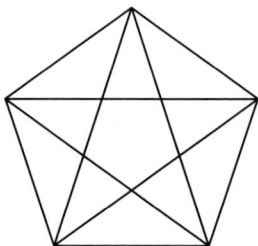

图4-2

─────── 解　　答 ───────

由于三角形共用边的情况多，交叉的线多，因此，很容易数少，有时还容易弄混。为了方便，可以给每个区域标上数字或字母，一一列出，如图4-3所示。

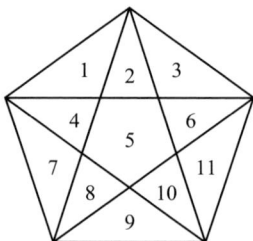

图4-3

单个区域形成的三角形有10个：1、2、3、4、6、7、8、9、10、11。

两个区域形成的三角形有10个：1+2、2+3、3+6、6+11、11+10、10+9、9+8、8+7、7+4、4+1。

三个区域形成的三角形有10个：1+2+3、3+6+11、11+10+9、9+8+7、7+4+1、4+5+6、2+5+10、6+5+8、10+5+4、8+5+2。

五个区域形成的三角形有5个：2+5+8+9+10、6+5+4+7+8、10+5+2+1+4、8+5+6+3+2、4+5+10+11+6。

所以，共有10+10+10+5=35个三角形。

③ 连接成的正方形数量

如图4-4所示，16个小钉纵横各4个，按相同的间距钉在木板上。现在，给你一堆橡皮圈，看你能用它围成多少个正方形。

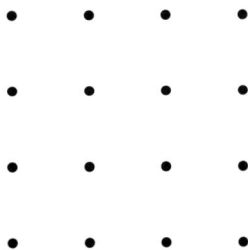

图4-4

───────── 解　　答 ─────────

可以把这道题理解成：把这16个小钉当成顶点，让你随意连接正方形，看最多能连多少个。

我们先把纵横线连上，如图4-5所示，看看有多少个正方形。很显然，边长为两个钉间距的小正方形有9个，边长为三个钉间距的中正方形有4个，边长为四个钉间距的大正方形有1个，计9+4+1=14个。

然后，再按对角线的方向连，如图4-6所示，这样的正方形有4个。注意，中间虽然也有一个正方形，但它的顶点并非钉子，因此，不能算橡皮圈围成的一个正方形。

最后，再按图4-7的办法连接顶点，这样的正方形有2个。

除以上几类正方形外，再没有其他办法形成正方形了。

所以，共有14+4+2=20个正方形。

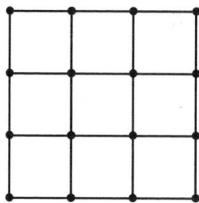
图4-5

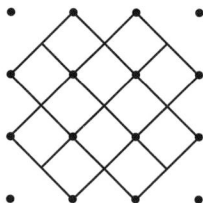
图4-6

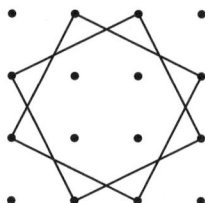
图4-7

4 骰子的对应面

骰子是正方体，各面分别有1~6个点，如图4-8所示。请问，骰子的几点和几点分别在对面？

图4-8

解　答

为方便叙述，我们把图4-8中左图4点和右图5点的面称为前面，把与其相对的面称为后面。

观察左图和右图，能发现与1点相邻的有2、4、3、5，因此，1点和6点在对面。

把右图向左滚动，1点的位置就和左图相同了，5点还在前面，3点会到下面。然后，再把骰子向前滚动，5点会到下面，3点会到后面。其2点和4点的位置就如同左图。因此，下面的5点和上面的2点在对面、后面的3点和前面的4点在对面。

所以，骰子的1点和6点在对面，2点和5点在对面，3点和4点在对面。进一步可以发现它们的规律，对面的两个点数之和是7。

第二节　特定运动的变化或结果

物体是不断运动的，运动是按照一定的规律进行的。一些特定的运动，人们可能对它们的认识并不是十分清楚或深刻，初次见到这些运动时，如果要判断它们的变化情况或结果，一不小心就有可能搞错。

1 步幅与步速

父子二人一起散步，父亲的步幅大，步速慢；儿子的步幅小，步速快。父亲走2步，儿子走3步，二人用的时间和走的距离刚好相等。假如父子同时迈出左脚，问二人是否有可能同时迈出右脚？

———————— 解　　答 ————————

按照父子二人的步幅和步速，父亲走4步，儿子走6步，刚好形成一个循环，我们只需观察一个循环内二人的迈步情况就可以推理出全部情况。在一个循环内，二人的迈步情况如表4-1所示。

表4-1　父子二人迈步的情况

父亲迈步的脚	左脚		右脚		左脚		右脚	
儿子迈步的脚	左脚	右脚	左脚	右脚	左脚	右脚

可见，二人不可能同时迈出右脚。

2 硬币转动的圈数

如图4-9所示，两枚相同的硬币上下紧贴在一起。如果下面的硬币不动，让上面的硬币紧贴着下面的硬币顺时针旋转一周，回到初始位置，这时，上面的硬币自身转了几周？

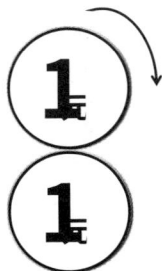

图4-9

———————— 解　　答 ————————

一个硬币紧贴另一个硬币转动，跟两个齿轮的转动道理相同，我们可以把两个硬币想象成齿轮。齿轮的转动方向是相反的，当上面的齿轮在原地顺时针转动一周回到初始状态的同时，下面的齿轮就会逆时针转动一周回到初始状态。如图4-10所示。

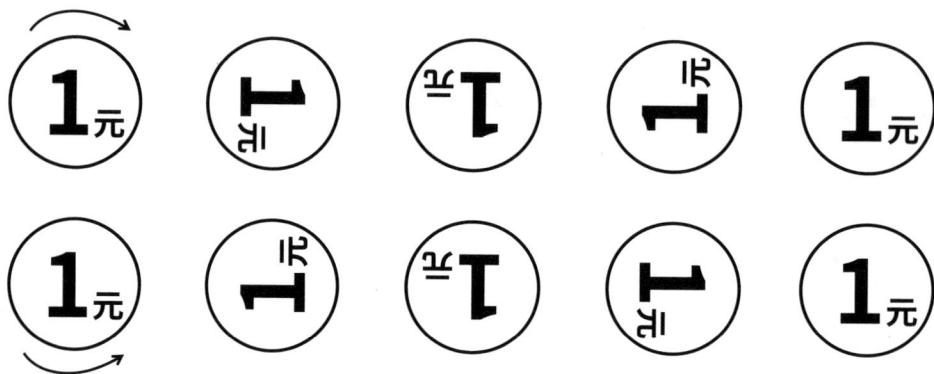

图4-10

如果下面的齿轮不转动，那么，上面的齿轮转动的速度就要加一倍。我们可以这么想象，当两个齿轮一起转动90°，即由图4-10第一组状态转动到第二组状态时，要让下面的齿轮回到初始状态，而且上面的齿轮与下面的齿轮紧贴不动，那么，两个齿轮就要一起再顺时针转动90°，那等于上面的齿轮又转动了90°。

因此，在下面的硬币不动的情况下，让上面的硬币紧贴着下面的硬币顺时针旋转一周，回到初始位置时，上面的硬币自身就转了两周。如图4-11所示。

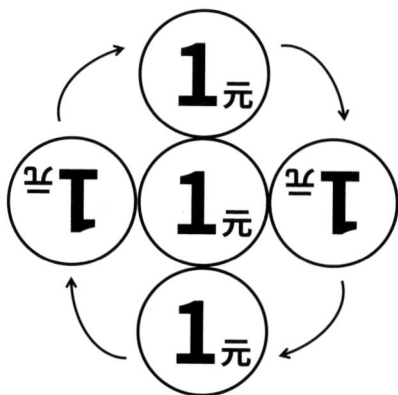

图4-11

这种题目，无论上下两个圆的大小如何，我们都可以这样想象：把下面的圆割开，拉成一条直线，上面的圆在直线上按顺时针方向转动，转完后，再把直线还原成圆。直线在还原成圆时，会黏着上面的圆，按顺时针方向，把上面的圆拉得再转一圈，因此，要加一圈。如图4-12所示。

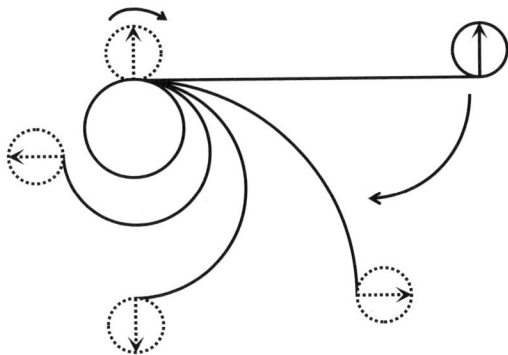

图4-12

另外，如果是小圆贴在大圆的内部转动，由于这样小圆转的方向与在大圆外部转的方向相反，因此，要减去一圈。我们可以这样想象：把大圆割开，拉成一条直线，小圆在直线上按逆时针方向转动，转完后，再把直线还原成圆。直线在还原成圆时，会黏着上面的圆，按顺时针方向，把上面的圆拉得再转一圈，因此，要减去一圈。如图4-13所示。

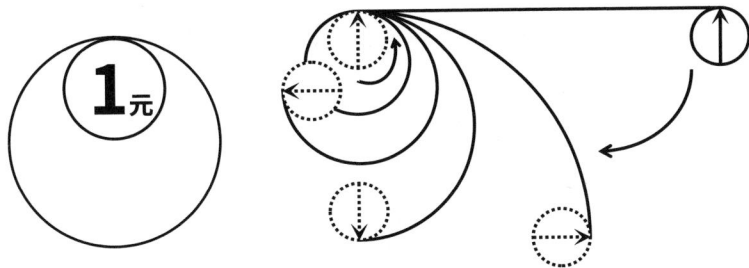

图4-13

3 滚轴运物

有时，人们会利用滚轴向前运送重物：把几个滚轴放在地面上，重物放在滚轴的上面，向前滚动滚轴，等最后一个滚轴脱离重物后，再把它换到最前面，如图4-14所示。请问，滚轴每向前滚动一周，上面的重物向前运动了多远？

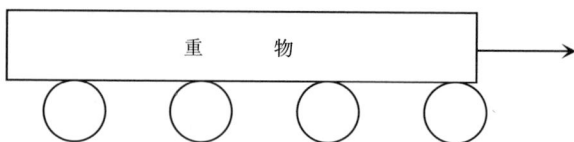

图4-14

———————— 解　　答 ————————

如果滚轴绕其圆心滚动，那么，它每滚动一周，重物就会向前运动滚轴的一个周长。但现在滚轴是在地面上向前运动，因此，它滚动一周的同时，还向前移动了一周。这样，滚轴每向前滚动一周，上面的重物就会向前运动滚轴的两周远。

第五章　放置与变化

放置东西与变化东西的位置是生活中经常需要做的事情，但当有的东西需要在一定的条件限制下去放置或变化位置，或者需要用最快最好的办法去放置或变化位置时，却不是每个人都能做得很好的。有时，这需要相当高的智慧。

第一节　放点位

生活中，为了达到一定的目的，人们往往要在一些可供选择的地方，按照一定的要求放置一定数量的物品。比如在餐桌上，荤菜和素菜的摆放就有一定的讲究。人们一般会把荤菜和素菜穿插着摆放，这样能避免有的人面前全部是荤菜，有的人面前全部是素菜。一些智力题就是要求在一些点位上摆放物品，使物品的格局能达到题目的特定要求。

1　放小球

在4×4的方格中放入4个小球，使每一行、每一列和每一条对角线上，都只有1个小球。

解　答

按照题目的要求，放的办法非常多，下面，我们按照一个思路，举两个例子。

第一步，我们在任意一个位置放进一个小球。由于其所在的行、列和对角线上不能再放小球，因此，把不能放小球的位置用"×"标出来。如图5-1所示。

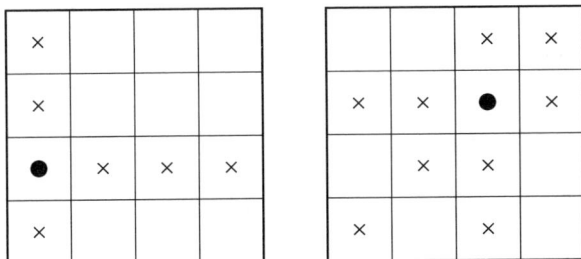

图5-1

第二步，再在其他空格中放第二个小球。同样，把第二个小球所在的行、列和对角线上的位置用"×"标出来。如图5-2所示。

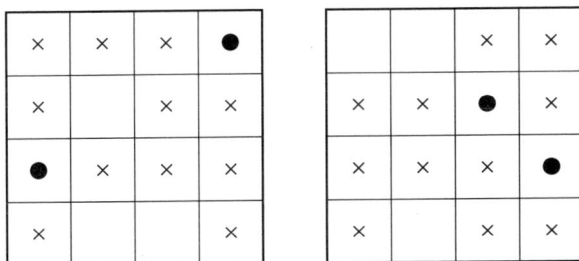

图5-2

第三步，再在其他空格放第三个小球。同样，把第三个小球所在的行、列和对角线上的位置用"×"标出来。如图5-3所示。

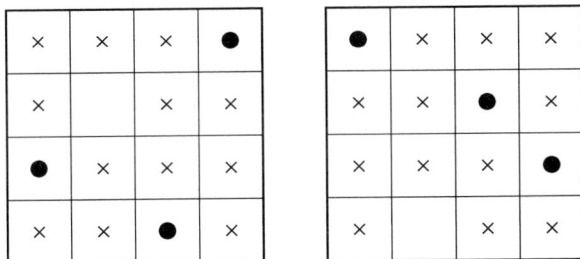

图5-3

第四步，这时，只剩一个空格，就把第四个球放入这个空格中。把"×"去掉，就成功了。如图5-4所示。

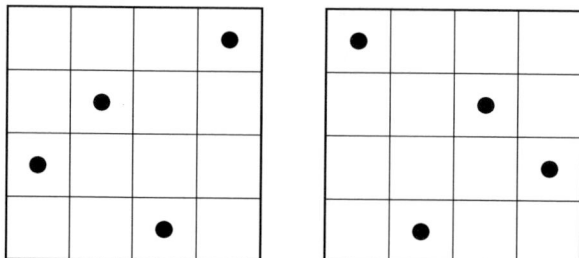

图5-4

2 纵横相同的数量

如图5-5所示，在6×6的方格中，每个方格都有一个五角星，每行和每列的数量相同。现在想取走12个，仍然使每行和每列的五角星数量相同，该如何取呢？

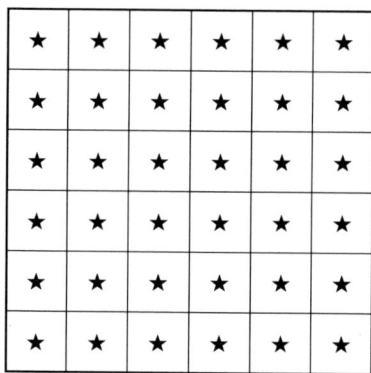

图5-5

───── 解　答 ─────

这道题实质上和摆放12个五角星的道理是一样的，使去掉的12个五角星每行和每列的数量相同，那剩下的数量自然就相同了。答案如图5-6所示。

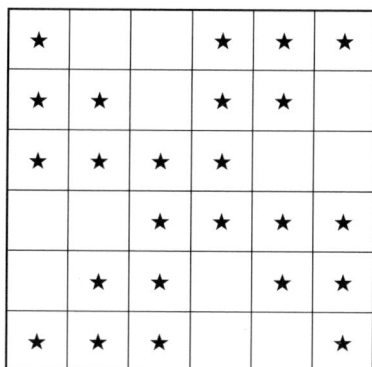

图5-6

第二节　拼图形

在做模型或游戏时，人们经常会遇到用细棒拼图形的问题。过去，火柴是日常用品，所以，人们在拼图形时，常常会用火柴来拼。拼的图形如果大小相同，会简单一些；如果大小不同，则要复杂一些。拼边长为细棒的图形时，很多情况下，一些细棒会被公用，公用细棒的数量与图形的数量密切相关。

1 拼正三角形

在桌面上，如何用12根火柴拼成6个边长为一根火柴的正三角形？

解　答

12根火柴要拼成6个边长为一根火柴的正三角形，就要尽可能地使公用边增加。拼成的图形如图5-7所示。

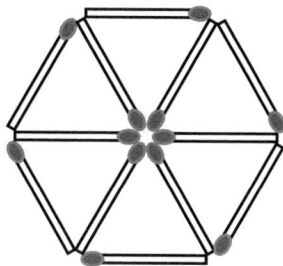

图5-7

2　5个正方形

在桌面上，如何用12根火柴拼出5个正方形？

———— 解　答 ————

如图5-8所示，有4个小正方形和1个大正方形。

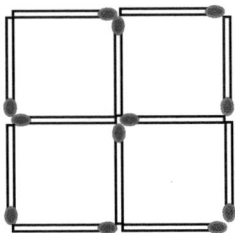

图5-8

第三节　调方向

某些由同一种要素拼成的图形，会因为上下或左右的大小或形状不同，有一定的方向。尽量少移动形成图形的要素，调整变化图形的方向，往往很考验人的智力。

1　移酒瓶

如图5-9所示，有三个酒瓶，从左往右一字排开，两边的是正立，中间的是倒立。如何只移动一个酒瓶，使两边的变成倒立，中间的变成正立？

图5-9

———— 解　答 ————

随便把一边的一个酒瓶倒立过来，放到另一边，就行了。

2 鱼掉头

图5-10中的鱼形图案，鱼头在左，鱼尾在右。如何移动3根火柴，使鱼掉头向右？

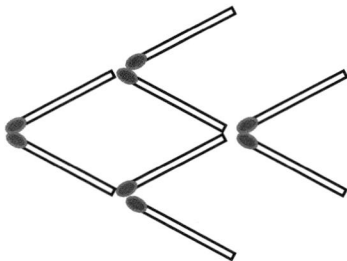

图5-10

───── 解　　答 ─────

对比一下掉头前后的两个图形，如图5-11所示。

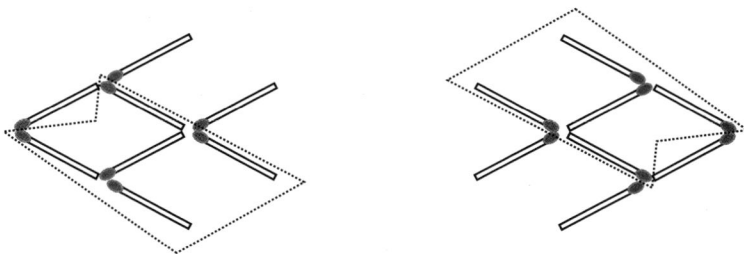

图5-11

通过观察，我们可以找出两个图形的最大相同部分，如图5-12所示。

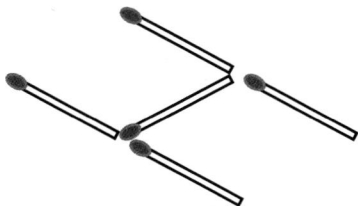

图5-12

这部分共有5根火柴，也就是说有5根火柴不用移动。那这样，只需把其他3根移到相应的位置上就行了。

3 移硬币

如图5-13所示，10枚硬币分成四份，从左向右各份依次是1、2、3、4枚。如何移动一枚硬币，使从左向右的次序相反，即从左向右各份依次为4、3、2、1枚？

图5-13

———————————— 解 答 ————————————

如果移成功后的最右边的1枚硬币是重新摆放的，那放好这枚硬币，就已经移动一枚了，所以，这个办法肯定不行。这样，只有让最右边的硬币是当前已经摆放好的其中一枚，才有可能成功。最右边的硬币不动，要把它与其他硬币分开，只能取走右边第2枚。取走右边第2枚后，就会发现，原来右边的4枚硬币已经分成了两份，最右边的一份是1枚硬币，第二份是2枚硬币。原来第三份接着右边的第二份，仍然是3枚硬币，就是现在的第三份。而原来左边的两份一共是3枚，只要把取出来的那枚放到它们之间，使它们连在一起，就成了第四份4枚硬币了。

所以，办法就是，把第四份右边的第二枚硬币拿出来，移到左边第一份和第二份之间。如图5-14所示。

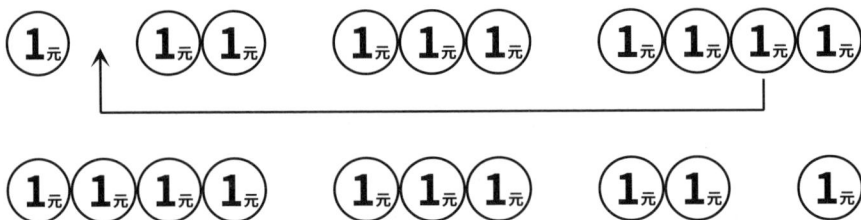

图5-14

第四节 变格局

一些物体在一起，会形成一定的格局。如果要变化它们形成的格局，就需要移动部分或全部物体。按照特定办法移动或尽可能地少移动物体，最终变化成题目所要求的格局，有可能会很费脑力。

1 移成隔子

如图5-15所示，桌上有一排12个棋子，左边6个是白子，右边6个是黑子。现在想移成黑白相间且中间不隔空位的一排。移动的规则是：每次必须移相邻的两个棋子，而且移到其他地方后，这两个棋子的次序不能变。问，最少需要几步？

图5-15

如果每次把黑白棋子各取出一个，棋子总数变成10个、8个、6个、4个呢？

―――――――――― 解　答 ――――――――――

这类题目需要认真观察，在纸上画一画，或拿棋子等物品实际摆一摆。

通过试验，最少需要六步可以完成。移动方法如图5-16所示。

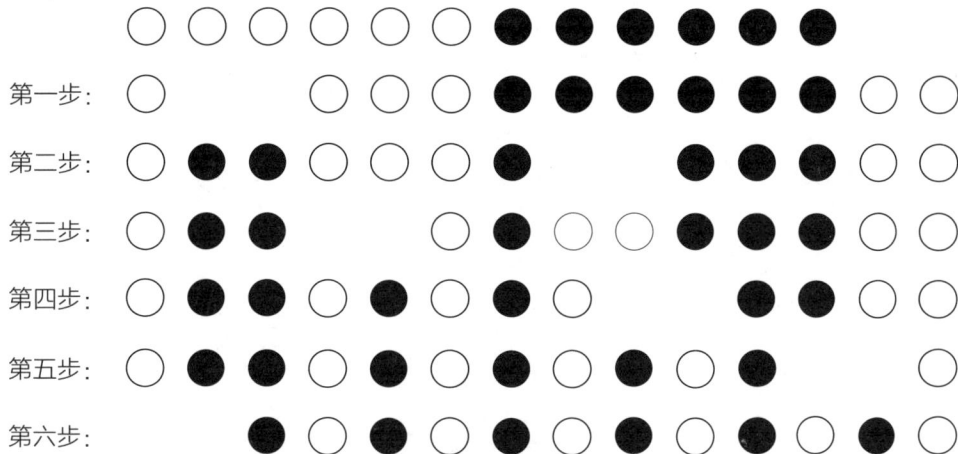

图5-16

所以，当棋子是12个6对时，需要6步。

当棋子的数量是10个、8个、6个、4个时，其步数与黑白棋子的对数皆相同，即棋子是10个5对时需要5步，棋子是8个4对时需要4步，棋子是6个3对时需要3步，棋子是4个2对时需要2步。方法分别如下：

10个棋子的移法如图5-17所示。

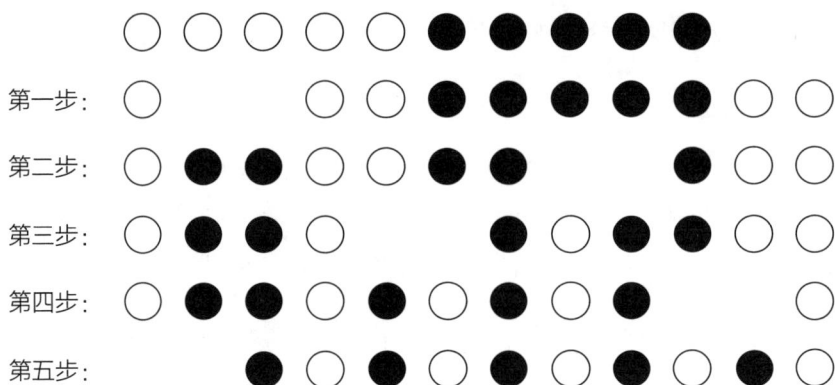

第一步：

第二步：

第三步：

第四步：

第五步：

图5-17

8个棋子的移法如图5-18所示。

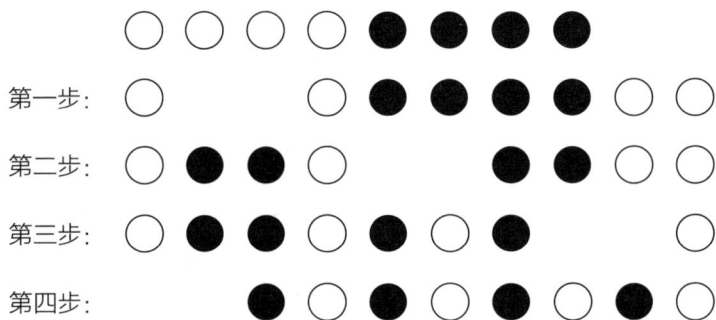

第一步：

第二步：

第三步：

第四步：

图5-18

6个棋子的移法如图5-19所示。

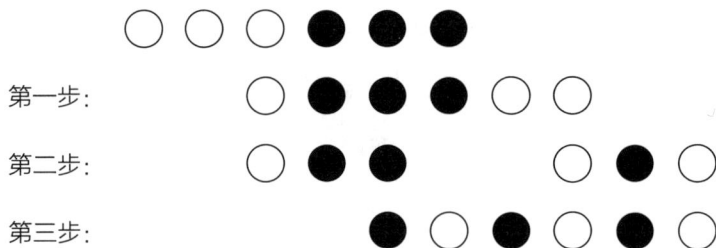

第一步：

第二步：

第三步：

图5-19

4个棋子的移法如图5-20所示。

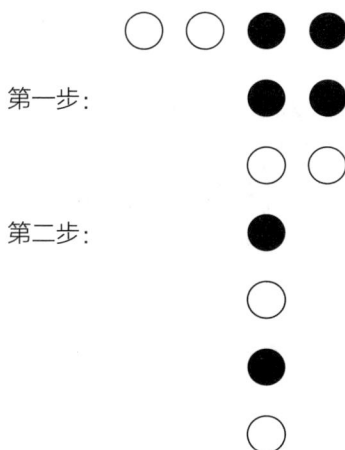

图5-20

4个棋子时，移法变动了方向，由横向黑白分开变成了纵向黑白相间。这也正是4个棋子移法的奥妙所在。

2 九宫格变色

如图5-21所示，九宫格里面的小方块用黑白两种颜色相隔。你可以随意选择包括一个以上小方块的长方形或正方形，选中后，长方形里面小方块的颜色会变成另一种，即黑变白，白变黑。请问，如果要把九个小方块的颜色变成全黑或全白，最少需要几步？

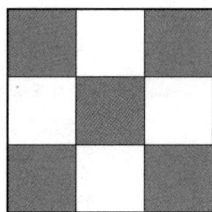

图5-21

------ 解　答 ------

要把九宫格变成全黑或全白，最后一步选中的长方形必然只能有一种颜色。所以，现在就看如何能把九宫格变成一个长方形是一种颜色，其余部分是另外一

种颜色的形态。观察发现，把中间三个小方块选中，变换一次，就可以实现。这样，最少两步就能把九宫格变成一种颜色。

如图5-22所示，第一步，选中第二行的三个小方块，变化颜色。第二步，选中第二列的三个小方块，变化颜色，就成功了。

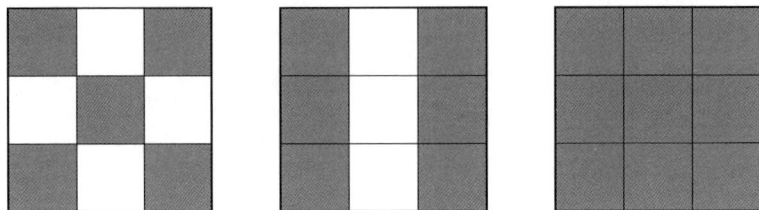

图5-22

第六章　行路与过河

行路时，无论是乘汽车还是火车，在只能容纳一辆车的窄路或单线铁路上，会遇到如何利用一小段支线会车的问题。利用一条船过河时，在船的承载能力有限、有的乘员不会划船、一些乘员不能同时乘船或留在一处的情况下，会遇到如何让所有乘员按照一定的顺序过河的问题。解决这两类问题，需要深入地研究，巧妙地安排，这样，才能精心设计出通行的方案。

第一节　单线会车

在只能容纳一辆汽车通过的狭窄道路上，或者只能通过一列火车的单线铁路上，不能直接会车。为了会车，需要在这样的道路上接一段支线，利用支线，实现会车。但是，由于支线有时只有一小段或只能容纳一辆汽车或火车的一节车头、车厢，甚至有时支线上本身还有车辆，这些情况下，会车并不容易。

做这类题目时，我们可以在纸上画出道路的简易图形，用标上数字记号的小硬纸片或其他小物件代替各种车辆，进行推演。这样比凭空想象要好得多，对做题有很大帮助。

1 遇上抛锚的机车

如图6-1所示，铁路的正线是只能供一列火车行驶的单线，在铁路正线的侧面连接着侧线，但侧线及正线的四段铁路甲、乙、丙、丁处各只能容纳一节车头或车厢。现在，在侧线的左边有一列火车 A ，列车的车头是 A_0 ，带着四节车厢 A_1 、 A_2 、 A_3 、 A_4 ，但机车 A_0 抛锚了。在侧线的右边有一列火车 B ，列车的车头是 B_0 ，带着三节车厢 B_1 、 B_2 、 B_3 ，机车 B_0 是好的。 A_0 在短时间内无法修好，因此，列车 B 要正常行驶，必须利用侧线，让机车 B_0 调整两列火车的车头和车厢，最终完成会车。请问，最简单的办法是什么？

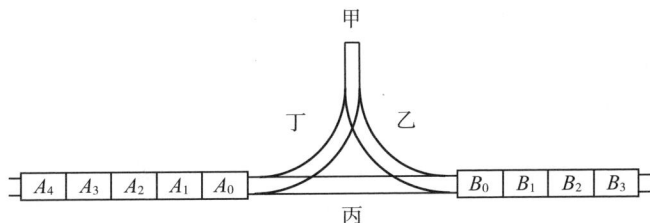

图6-1

———— 解　答 ————

列车 B 要继续行路，需要利用甲乙丙丁4个地方，通过列车 B 的机车 B_0 调整两列火车的车头和车厢。整个调整过程需要多步，现在介绍一种最简单的方法。读者可以在纸上画出示意图，并剪出一些小的硬纸片代表车头和车厢，对照答案，看如何会车。

（1） B_0 与 B_1 脱离，开到 A_0 处， B_0 与 A_0 连接， A_0 与 A_1 脱离， B_0 把 A_0 拉到丙处， B_0 与 A_0 脱离。

（2） B_0 通过乙处、甲处、丁处，开到 A_1 处， B_0 与 A_1 连接， A_1 与 A_2 脱离， B_0 把 A_1 拉到丙处， B_0 与 A_1 脱离。在 B_0 拉 A_1 的过程中， B_0 遇到 A_0 后，同时推着 A_0 走，一直把 A_0 推到右边 B_1 处， A_0 与 B_1 连接。

（3） B_0 通过乙处、甲处、丁处，开到 A_2 处， B_0 与 A_2 连接， A_2 与 A_3 脱离， B_0 把 A_2 拉到丙处， B_0 与 A_2 脱离。在 B_0 拉 A_2 的过程中， B_0 遇到 A_1 后，同时推着 A_1 走，一直把 A_1 推到右边 A_0 处， A_1 与 A_0 连接。

（4） B_0 通过乙处、甲处、丁处，开到 A_3 处， B_0 与 A_3 连接， A_3 与 A_4 脱离， B_0 把

A_3拉到丙处，B_0与A_3脱离。在B_0拉A_3的过程中，B_0遇到A_2后，同时推着A_2走，一直把A_2推到右边A_1处，A_2与A_1连接。

（5）B_0通过乙处、甲处、丁处，开到A_4处，B_0与A_4连接，B_0把A_4拉到丙处，B_0与A_4脱离。在B_0拉A_4的过程中，B_0遇到A_3后，同时推着A_3走，一直把A_3推到右边A_2处，A_3与A_2连接。

（6）B_0通过乙处、甲处、丁处，开到左边，B_0推着A_4，把A_4推到右边A_3处，A_4与A_3连接。

（7）B_0与A_4连接，B_1与B_2脱离，B_0拉着A_4、A_3、A_2、A_1、A_0、B_1驶向左边。

（8）B_0推着A_4、A_3、A_2、A_1、A_0、B_1驶向丁处，B_1到丁处后，B_1与A_0脱离。

（9）B_0拉着A_4、A_3、A_2、A_1、A_0驶向左边，尔后推着A_4、A_3、A_2、A_1、A_0驶向右边，A_0与B_2连接，B_0与A_4脱离。

（10）B_0驶向左边，尔后驶进丁处，与B_1连接，B_0拉着B_1驶向左边，之后，推着B_1驶向右边A_4处，B_1与A_4连接。

（11）B_0拉着B_1、A_4、A_3、A_2、A_1、A_0、B_2、B_3驶向左边。

（12）B_0推着B_1、A_4、A_3、A_2、A_1、A_0、B_2、B_3驶向丁处，使B_3至甲处、B_2至丁处，B_2与A_0脱离。

（13）B_0拉着B_1、A_4、A_3、A_2、A_1、A_0驶向左边，尔后推着B_1、A_4、A_3、A_2、A_1、A_0驶向右边，B_1与A_4脱离。

（14）B_0拉着B_1驶向左边，尔后推着B_1驶向丁处，B_1与B_2连接。

（15）B_0拉着B_1、B_2、B_3正常向左开走。

这时，列车A的车头和各节车厢按原来的顺序A_0、A_1、A_2、A_3、A_4停在右边。

2 老式火车会车

如图6-2所示，A、B两列老式火车在铁路上相遇。A列车的车头是A_0，带着三节车厢A_1、A_2、A_3；B列车的车头是B_0，带着四节车厢B_1、B_2、B_3、B_4。两列火车的车头都是老式的，车头前面没有牵引装置，不能与车厢连接，只可推着车厢，不可拉着车厢。当然，车头后面有牵引装置，既可推着车厢，也可拉着车厢。两列火车要利用正路旁边引出的侧线，通过多次调整车厢会车，之后各自行路。由于侧线只可容纳一节车头或车厢，因此，需要进行多次移动。现在请找出一个好办法，使移动的次数最少。

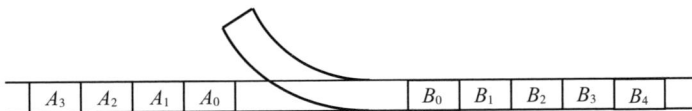

图6-2

─── 解 答 ───

两列火车要各自行路，需要很多步骤，现在介绍一种最简单的方法。

（1）B_0 与 B_1 脱离，驶进侧线。

（2）A_0 拉着 A_1、A_2、A_3 驶到侧线右边，遇到 B_1 后，推着 B_1、B_2、B_3、B_4。

（3）B_0 退回主线，连接 A_3，A_0 与 A_1 脱离。

（4）B_0 拉着 A_3、A_2、A_1 驶到侧线左边。

（5）A_0 退进侧线。

（6）B_0 推着 A_3、A_2、A_1 退到侧线右边，A_1 与 B_1 连接。

（7）B_0 拉着 A_3、A_2、A_1、B_1、B_2、B_3、B_4 驶到侧线左边。

（8）A_0 驶进主线。

（9）A_0 退到侧线左边，与 B_4 连接，A_1 与 A_2 脱离。

（10）A_0 拉着 B_4、B_3、B_2、B_1、A_1 驶到侧线右边。

（11）A_0 推着 B_4、B_3、B_2、B_1、A_1 退向侧线，A_1 退进侧线，A_1 与 B_1 脱离。

（12）A_0 拉着 B_4、B_3、B_2、B_1 驶进主线，到侧线右边。

（13）A_0 推着 B_4、B_3、B_2、B_1 退向侧线左边，B_1 与 A_2 连接，A_0 与 B_4 脱离。

（14）A_0 驶向侧线右边。

（15）A_0 退向侧线，A_0 与 A_1 连接。

（16）A_0 拉着 A_1 驶向侧线右边。

（17）A_0 推着 A_1 退向侧线左边，A_1 与 B_4 连接，A_2 与 A_3 脱离。

（18）A_0 拉着 A_1、B_4、B_3、B_2、B_1、A_2 驶向侧线右边。

（19）A_0 推着 A_1、B_4、B_3、B_2、B_1、A_2 退向侧线，A_2 退进侧线，A_2 与 B_1 脱离。

（20）A_0 拉着 A_1、B_4、B_3、B_2、B_1 驶向侧线右边。

（21）A_0 推着 A_1、B_4、B_3、B_2、B_1 退向侧线左边，B_1 与 A_3 连接，A_1 与 B_4 脱离。

（22）A_0 拉着 A_1 驶向侧线右边。

（23）A_0 推着 A_1 退向侧线，A_1 与 A_2 连接。

（24）A_0拉着A_1、A_2驶向侧线右边。

（25）A_0推着A_1、A_2退向侧线左边，A_2与B_4连接，A_3与B_0脱离。

（26）A_0拉着A_1、A_2、B_4、B_3、B_2、B_1、A_3驶向侧线右边。

（27）A_0推着A_1、A_2、B_4、B_3、B_2、B_1、A_3退向侧线，A_3退进侧线，A_3与B_1脱离。

（28）A_0拉着A_1、A_2、B_4、B_3、B_2、B_1驶向侧线右边，A_2与B_4脱离。

（29）B_0退向侧线右边，B_0与B_1连接。

（30）B_0拉着B_1、B_2、B_3、B_4正常向左开走。

（31）A_0推着A_1、A_2退向侧线，A_2与A_3连接。

（32）A_0拉着A_1、A_2、A_3正常向右开走。

第二节　限员乘船

只有一条船可用于过河时，如果船只的承载能力有限、有的乘员不会划船、一些乘员不能同时乘船或留在一处，在这些条件的限制下，过河就不是一个简单问题了。

虽然这类题不是很简单，但是，掌握了方法，做起来并不算太难。做这类题目时，我们可以在纸上按步骤写出各乘员的状态——是在乘船还是在岸上。首先，我们要看只能让哪些乘员过河。之后的每一步，除要看只能让哪些乘员过河外，还要看是否与之前的状态相同，如果与之前的状态相同，就没有必要那么走。这样做下去，便会找到答案。

1 人和狼过河

在岸边有三个人、三只狼。有一条船可以供他们过河，但船只能同时坐两个人或两只狼，或一人一狼。现在知道这三个人都会划船，三只狼中有两只是小狼，它们都不会划船，只有一只老狼会划船。而且，无论是在船上还是在岸上，在同一个地方时，人不能比狼少，否则，狼就会吃人。请问，在保证人员安全的前提下，怎么安排人和狼过河？

─────── **解　　答** ───────

因为两只小狼不会划船，所以，关键是运小狼。下面，我们以去彼岸和回此岸一来回作为一步，逐步分析应该怎么过河。当然，最后一步不必返回。

第一步，为了保证岸边留人的安全，船上至少要有一只狼。我们的目的是运小狼，就先确定一只小狼试一下。要让会划船的送小狼，那就派老狼划船送吧。

送过去后老狼要把船划回来。

这时，彼岸有一只小狼，此岸有三个人和一只老狼、一只小狼。

第二步，如果两个人过河，此岸就会留下两只狼、一个人。如果一个人和一只狼过河，到了彼岸后就成为两只狼、一个人。所以，无论是一个人和一只狼，还是两个人过河，都会有人被吃掉。而如果只让一个人或一只狼过河，显然没有任何意义。所以，只有再劳驾老狼一次，让它再把另一只小狼送到对岸。

之后，老狼把船再划回来。

这时，彼岸有两只小狼，此岸有三个人和一只老狼。

第三步，为了保证人的安全，只能让两个人一起过河，过河后返回。返回时，为了保证人的安全，只能让一个人带着一只小狼回来。

这时，彼岸有一个人和一只小狼，此岸有两个人、一只老狼和一只小狼。

第四步，如果让两个人过河，返回还须两人返回，因为此岸有两只狼，一个人返回后会被吃掉。也不能只让狼过河，狼过河后彼岸的人就会狼被吃掉。所以，只有让一个人和一只狼过河。第三步返回时是一个人带了一只小狼回来的，显然，让一个人再带一只小狼过河没有意义。所以，这一步得让一个人和老狼过河。

过河后如果让两个人返回，下一步还必须让两个人过河，否则，一个人过河后就会被狼吃掉。当然也不能让狼返回。所以，只有让一个人和一只狼返回。这一步得让一个人带着一只小狼返回。

这时，彼岸有一个人和一只老狼，此岸有两个人和两只小狼。

第五步，两只小狼不会划船，让一个人带上一只小狼过河毫无意义，因为上一步是一个人带着一只小狼回来的。所以，只有让两个人过河了。

为了保证人的安全，返回时要么是两个人，要么一个人都不返回。两个人返回让这一步毫无意义，一个人也不能返回，所以，只有让老狼返回了。

这时，彼岸有三个人，此岸有三只狼。

第六步，老狼带上一只小狼过河。

返回时再派老狼回去，运来另一只小狼。（或者让一个人回去，运来另一只小狼也行。）

此步完成后彼岸有三个人，一只小狼，此岸有一只小狼和一只老狼。（或此岸有两个人，一只小狼和老狼，此岸有一个人和一只小狼。）

第七步，老狼（或人）带上小狼过河。

至此，就完成了过河的任务。

2 三对夫妻过河

三个善妒的丈夫与妻子一同用一艘小船渡河。丈夫为A、B、C，相对应的妻子为a、b、c。这艘小船一次只能搭载两个人，六个人中只有a、B、c会划船。如果要保证三位女士都在丈夫不在场的情况下不与其他男人在一起，请问，他们六个人如何才能全部渡过河？

——————— 解　答 ———————

第一次过河前，由于对岸无人，因此必然要安排两人过河，尔后一人把船开回。如果丈夫过河，必然要有妻子陪伴，因此，对岸第一次留下的人只能是一名妻子。由于这名妻子不能单独与其他男人在一起，因此，两个人过河时，要么是一对夫妻，要么是a和c。根据题目要求，可以逐步推理出过河办法。

答案如表6-1所示，往返11步，六个人可以全部渡过河。

表6-1　三对夫妻过河各步的具体情况

步骤及过河方向	此岸人员	渡河人员	彼岸人员
出发前	AaBbCc		
第1步：去	AaCc	Bb	Bb
第2步：回	AaBCc	B	b
第3步：去	ABC	ac	abc
第4步：回	AaBC	a	bc
第5步：去	Aa	BC	BbCc
第6步：回	AaBb	Bb	Cc
第7步：去	ab	AB	ABCc
第8步：回	abc	c	ABC
第9步：去	b	ac	AaBCc
第10步：回	Bb	B	AaCc
第11步：去		Bb	AaBbCc

3 四对父子过河

有四对父子用一艘小船过河，父亲为A、B、C、D，相对应的孩子为a、b、c、d。父亲和孩子都会划船。小船每次只能载两个人，河中心有一个小岛，人员可以上岛。在过河时，为了防止自己的孩子受到其他大人的威胁，任意一个孩子在自己父亲不在场的情况下，都不能与其他大人乘船或在岸边与岛上。请问，这四对父子如何过河？

―――――――――――― 解　答 ――――――――――――

由于有四对父子，所以必须利用小岛这一中转地，否则无法成功过河。表6–2是过河步骤最少的一种方法。

表6-2　四对父子过河各步的具体情况

步骤及过河方向	此岸人员	船上人员	岛上人员	船上人员	彼岸人员
出发前	AaBbCcDd				
第1步此岸→彼岸	ABCcDd	（ab）		（ab）	ab
第2步彼岸←此岸	ABbCcDd	（b）		（b）	a
第3步此岸→岛	ABCDd	（bc）	bc		a
第4步岛←此岸	ABCcDd	（c）	b		a
第5步此岸→彼岸	CcDd	（AB）	b	（AB）	AaB
第6步彼岸←此岸	BCcDd	（B）	b	（B）	Aa
第7步此岸→岛	BCD	（cd）	bcd		Aa
第8步岛←此岸	BCDd	（d）	bc		Aa
第9步此岸→彼岸	Dd	（BC）	bc	（BC）	AaBC
第10步彼岸←岛	Dd		abc	（a）	ABC
第11步岛→彼岸	Dd		b	（ac）	AaBCc
第12步彼岸←此岸	BDd	（B）	b	（B）	AaCc
第13步此岸→彼岸	d	（BD）	b	（BD）	AaBCcD
第14步彼岸←岛	d		bc	（c）	AaBCD

续表

步骤及过河方向	此岸人员	船上人员	岛上人员	船上人员	彼岸人员
第15步岛→彼岸	d			（bc）	AaBbCcD
第16步彼岸←此岸	cd	（c）		（c）	AaBbCD
第17步此岸→彼岸		（cd）		（cd）	AaBbCcDd

第七章　区域与空间

任何事物的运动，都离不开一定的区域或空间。无论是在工作中还是在生活中，都存在很多关于区域与空间的问题。比如，为了防止互相影响或方便做事，有时，需要分割一定的区域。再如，为了在有限的空间内放置更多的物品，有时，需要充分利用有限的空间。

第一节　按需分割区域

在工作和生活中，人们经常需要对空间、平面或物体进行一定的分割。比如，储藏室的货架，就是对空间的分割。再如，农民分土地，就是对平面的分割。又如，对瓜果的分割，就是对物体的分割。有时，因为种种原因，需要用尽可能少的资源或次数分割开尽可能多的区域；有时，还需要按照特殊要求对空间或物体进行分割。

1　四块相同的图形

图7-1是一个大正方形的一角少了边长为其一半的小正方形后余下的图形。如何把它分成四块形状相同的图形呢？

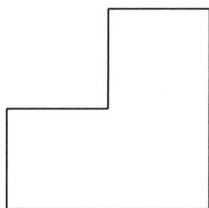

图7-1

———— 解 答 ————

如果一个大正方形缺少的边长为其一半的小正方形在中心，那分成形状相同的四等份非常容易，如图7-2所示。每一份是边长为其一半的小正方形的一角缺一个边长为小正方形一半的更小正方形的图形。

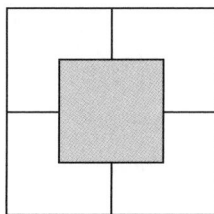

图7-2

那么，我们看一下，按照这个思路，能否把一角缺少小正方形的图形分出来。想象一下，把上图中缺少的小正方形移向左上角，就行了。如图7-3所示。

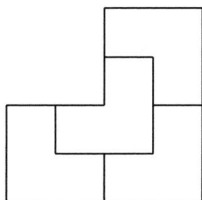

图7-3

2 四块土地

一个地主有一块正方形土地，这块地上有四眼井、四座矿，如图7-4所示。地主有四个儿子，临死前他想把这块土地平均分给四个儿子，想让每个儿子不但都能有一眼井、一座矿，而且四块土地的形状也相同。请问，该怎么分？

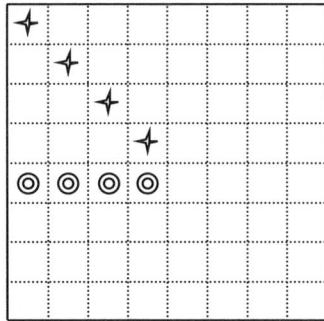

图7-4

解　答

根据四眼井和四座矿所处的位置，最左边的井不能和最左边的矿分在同一块土地上。由于四眼井都在左边，因此，井的左右，应该纵向分土地。由于井的左右是纵向分土地的，而要求分成的四块土地形状相同，因此，分矿时，只能横向分。

先从左下角向右1/8的位置向上画分割线。由于四块土地的形状相同，因此，要同时从另三个角相应地画分割线，即从右下角向上1/8的位置向左画、从右上角向左1/8的位置向下画、从左上角向下1/8的位置向右画。

由于左下角向上画的地块要有一座矿、右下角向左画的地块要有一眼井，因此，从左下角向右1/8的位置向上画时，应该画到离上边界2/8的位置处向右拐；从右下角向上1/8的位置向左画时，应该画到离左边界2/8的位置处向上拐，那其他三块地也应该这样拐。然后再根据左上角起始位置的地块要有一眼井、右上角起始位置的地块要有一眼井和一座矿的要求，就会很快画成。画成的图形如图7-5所示。

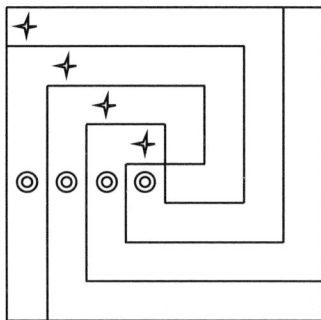

图7-5

3 切豆腐

小李跟师父学习厨艺，师父告诉他，要把一块正方体豆腐切成27个相同的小立方体，最少需要六刀，如图7-6所示，分别从上下、前后、左右的方向各切两刀。小李觉得六刀有点多。请问，有没有办法少切一刀呢？

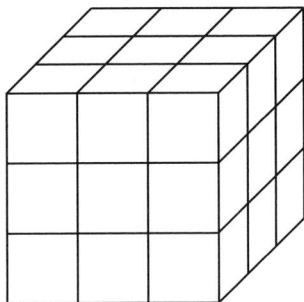

图7-6

――――――――――――――― 解 答 ―――――――――――――――

由于最中心的一块豆腐的六面都要切，而一块正方体的不同面，无法用一刀切成，因此，仅切出中间一块，就需要六刀。所以，把一块正方体豆腐切成27个相同的小立方体，至少需要6刀。

第二节 善于利用空间

现实中，巧妙地利用一定的空间完成比较难以完成的事情，有时挺重要。我小时候听说过一个故事：过去，汽车和拖拉机很少，在我们那里，人们多是利用人拉的架子车或马拉的胶轮车进行运输的。很多架子车或胶轮车最宽的地方是车轴，车身最宽的地方是车帮，车轴的两头往往比车帮还要稍宽一些。一次，村里的一伙人赶着胶轮车队到煤矿上拉煤，不巧的是前面有两队装满了煤的胶轮车分别占住了路的两边，它们的车夫都赶着马到店里吃饭喂马去了。那些车夫在两队车中间留了空隙，但不巧的是有两辆装满煤的胶轮车中间的空地太小，恰好容不下车轴通过。这样，车子就恰好过不去了。正在大家着急之时，一个非常聪明的车夫想到一个高招：他在空隙最窄的那两辆胶轮车的车轴下面的路面上，依照车轮需要通过的路线垫上了几块砖，使胶轮车过最窄处时，车轴能够高于停在两边的胶轮车的车轴，从而上下错开了两边车的车轴和自己车的车轴，使胶轮车得以通过。这就是一个典型的善于利用空间解决实际难题的例子。

1 装小球

有一个底边长是80厘米的方盒子，每层装着64个直径10厘米的小球，如图7-7所示。这个盒子每层是不是最多只能装64个小球呢？

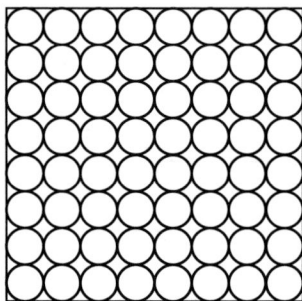

图7-7

───────── 解　答 ─────────

按照图7-7那样的装法，剩余的空间很大。如果充分利用空间，我们可以发现按照图7-8那样的装法，能够装68个小球。即第1排装8个，第2排装7个，第3排装8个……第9排装8个，共68个小球。

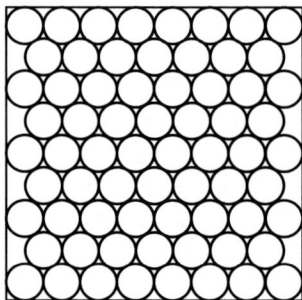

图7-8

需要说明的是，按照这样的装法，盒子是80厘米宽时，可以由原来放8排增加到9排，而盒子是70厘米宽时，不能由放7排增加到8排。下面我们计算一下，看按照这样的装法，放成9排和8排实际占的宽度是多少。

图7-9中，三角形是等边三角形。n代表小球的排数。

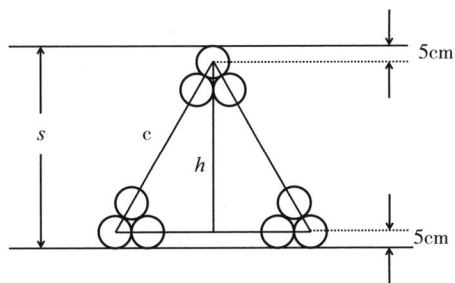

图7-9

边长c=10(n-1)

$$高h=\sqrt{c^2-\left(\frac{1}{2}c\right)^2}=\sqrt{\frac{3}{4}c^2}=\sqrt{\frac{3}{4}\left[10(n-1)\right]^2}=5(n-1)\sqrt{3}$$

n排占的宽度s=5+h+5=10+5(n-1)$\sqrt{3}$

经过计算，按新办法放9排，这9排需要的宽度是79.28cm，不足80cm，因此，可以放得下。按新办法放8排，这8排需要的宽度是70.62cm，超过了70cm，因此，就放不下了。

2 装硬币

硬币的直径是2cm，按照如图7-10的方式放10个硬币，正方形盒子的边长至少应是6.8cm。如果正方形盒子的边长缩小一点点，刚好不足6.8cm，如何能装下10枚硬币？

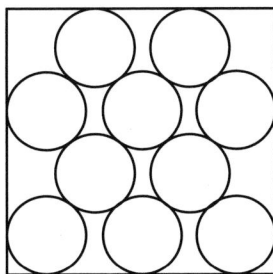

图7-10

---------- 解　　答 ----------

按照传统的方式放置不可行，要充分利用空间，只有按照图7-11的方式才能放下10枚硬币。运用这一方法，正方形的边长刚好不足6.8cm时，也可以放得下。

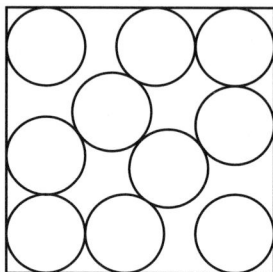

图7-11

3　装砖块

如图7-12所示，砖的长、宽均为20厘米，高为10厘米。把这样的砖装进长、宽、高皆为30厘米的箱子，最多能装几块？如何装？

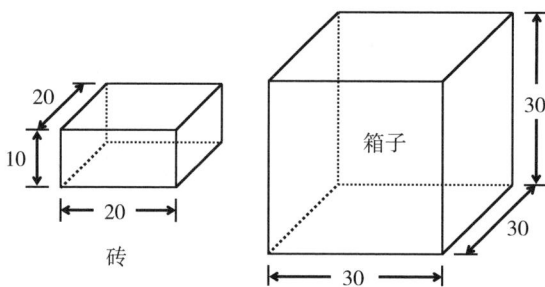

图7-12

---------- 解　　答 ----------

箱子的容积为30×30×30=27000立方厘米，每块砖的体积为20×20×10=4000立方厘米，27000÷4000=6.75，所以，理论上，最多只能装6块砖。也就是说，假若空间能够得到很好的利用，最多有可能装下6块砖。

如图7-13所示，如果把三块砖叠起来挨着箱子的一角放，在其余两边的空间竖着各放一块，最多只能装5块。所以，这种办法可能对空间利用得不够好，要装6块砖，还需要想其他办法，更充分地利用空间。

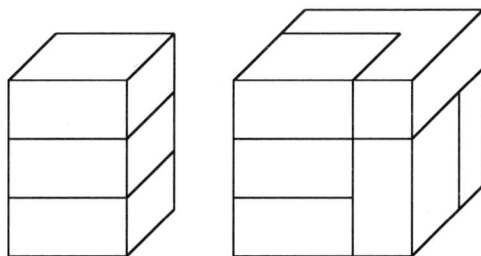

图7-13

按照图7-14的办法，最多是可以装6块砖的。这样装砖，只在箱子的两个对角和中心，各有1000立方厘米的空间没有装砖。

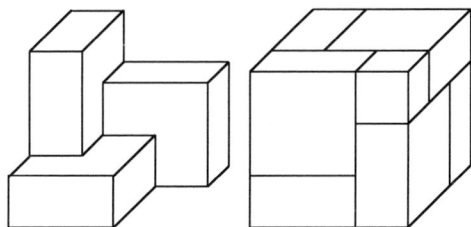

图7-14

第八章　网络与路线

用一定的网络或路线连接一些点，是人们经常遇到的问题。比如，从一地出发经过几个地点回到原地或到达另一地，如何能够做到不重复经过地点？又如，经过若干点的路线，如何拐弯最少？再如，连接各对点之间的多条路线，如何能够做到不交叉？这类网络与路线方面的题目历来都在智力题中占有一席之地，有的比较简单，有的相当复杂；有的很有趣味，有的很有深度。

第一节　形成网络的丝线

如何不重复地经过一些点，是人们很早就注意到并着手研究的问题。由于这类问题可以转化为能否一笔画成的问题，因此，人们也把这类问题叫作"一笔画成问题"或"一笔画问题"。一笔画问题看似简单，但其背后的道理却有相当的深度。

1 哥尼斯堡七桥问题

18世纪初，在普鲁士哥尼斯堡的普雷格尔河上，七座桥把两个岛与河岸联通，如图8-1所示。

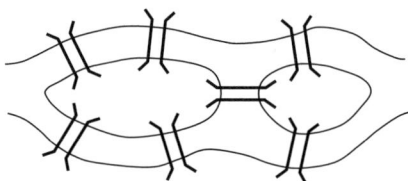

图8-1

当地的一项消遣活动就是尝试一次走完七座桥，并且不重复，最后回到出发点。

在很长一段时间里，众人纷纷尝试，但都以失败告终。天才数学家欧拉得知这个问题后也产生了兴趣。他经过一段时间的研究，最终于1736年发表了《哥尼斯堡七桥》论文，圆满地解决了问题。后来，这一问题衍生出一个新的数学分支——图论。

那么，到底能不能不重复、不遗漏地一次走完这七座桥呢？

———————————— 解　答 ————————————

不重复地走完所有的桥、走过所有的门、走遍所有的路等问题，都可以简化为"一笔画成"的网络图问题——多条线交叉的图形，能否一笔画成？

把图8-1简化成图8-2，题意相应变成：能否一笔把图8-2的线画完并回到出发点？

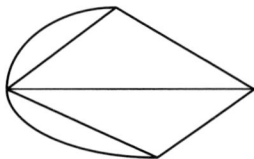

图8-2

连接线的直曲对能否一笔画成没有影响，问题的关键在于交点。凡是交点发出的线是偶数的，都可以把它拉成曲线甚至直线，因此，偶数交点可以视为直线，不影响一笔画成。交点发出的线是奇数的，无论把哪两条线拉成直线，必然会剩下一条，因此，这条线要么作为出发线，要么作为结尾线。如图8-3所示，是三条线相交于一点，要一笔画成的话，无论如何画，这样的交点都是出发点或者结尾点。

图8-3

所以，无论什么样的网线图，要想一笔画成，发出线是奇数的交点，最多只能有两个，一条线是出发线，一条线是结尾线。如果发出线是奇数的交点超过了两个，那么，无论如何都是画不成的。

这样，我们就可得出结论，判断网线图能否一笔画成，主要看交点。根据交点的奇偶情况，能一笔画成的网线图只有两种。一种是：各交点发出的线都是偶数条，即奇数交点个数为0，画线时，从哪里画起，最后会回到那里；另一种是：奇数交点的个数为2，画线时，必须把一个奇数交点作为起点，另一个奇数交点作为终点。除这两种情况外，其他网线图都不可能一笔画成。另外，画不成的图，奇数交点个数除以2便可算出此图至少需几笔画成。

根据上述结论，图8-2不能一笔画成，因为图中奇数交点有4个。也就是说，哥尼斯堡问题没有答案。

2 铁丝围框

如图8-4所示，要用铁丝围成一个立方体线框，最少需要几根铁丝？

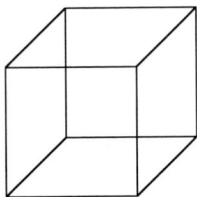

图8-4

—— 解　答 ——

立方体共有八个顶点，由每个顶点出发有三条线，因为由一个顶点出发的两条线可合成一条铁丝，所以可以去掉由每个顶点出发两条线。这样，八个顶点还剩8条线，所以，最少需要4根铁丝。

把图8-4中的立方体拉成图8-5那样的图形，这样，题目就转化成了多少笔能画成的问题。根据上题中的结论，8个奇数点，除以2，等于4，因此，最少需要4笔画成。也就是说，做成这样的图形，最少需要4根铁丝。

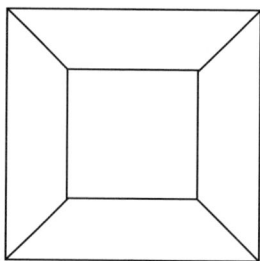

图8-5

第二节　经过各处的走法

现实中，在一定的范围内进行检查时，往往要求走过这个范围内的所有地方，这并不算难。但是如果要求按照一定的规则走，甚至还不能重复，就往往有一定的难度甚至难度很大。

1 设计转两次弯的路线

如图8-6所示，一个大办公室被隔成了九个办公区域。现在要求从入口到出口，只拐两次弯，走遍所有的办公区域，该怎么走？

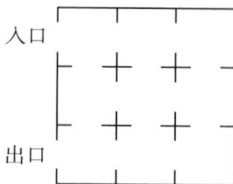

图8-6

━━━━━━━ 解　答 ━━━━━━━

利用各间办公区域相通的特点，可以采取如图8-7的走法。

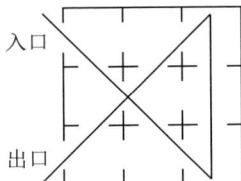

图8-7

2 找出转弯次数最少的路线

如图8-8所示，在7×7的方格图中，从●走到◎，要求走过所有的方格，而且每个方格只能走一次，还要使转弯的次数最少，该如何走？

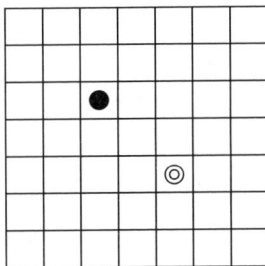

图8-8

━━━━━━━ 解　答 ━━━━━━━

如果全走纵横方向的路线，转弯的次数会较多，因此，需要走一些斜线。如图8-9所示，转10次弯便可以按照题目的要求走成功。

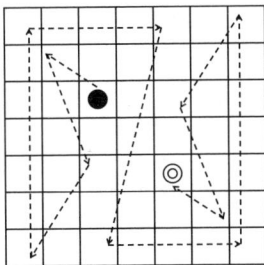

图8-9

第三节　不会相交的线路

很多情况下，同一区域有若干地点，其中的各对地点之间，往往会有多条路线可以选择。如果不允许在同一区域内连接各对地点之间的路线相交，那可能会有一些难度，甚至难度很大。

1 不相交的路线

如图8-10所示，在一个大方框内，有三组数字，这些数字在小方框内。请把各组对应的数字连起来，连线不能出大方框。请问，要使各条连线皆不相交，该如何连?

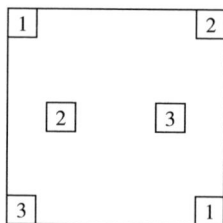

图8-10

―――――　解　　答　―――――

要想各数字之间的连线不相交，给一组数字连线时，要看它们相连后，其他各组数字会不会被分割在连线的两侧。试一试，这道题可以按照图8-11的办法连成功。

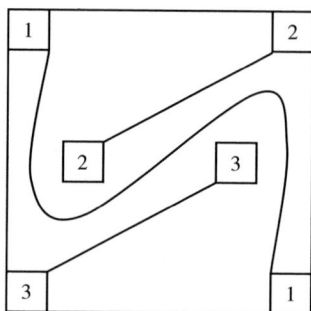

图8-11

2022年，我在网络小视频上发现了这类网红题，题目中的图形会有很多变化。但是，不管怎么变，其道理都是一样的，可以把各种图形都当作是图8-11的变形。例如，把图8-11左上角的1向右移到中间，把右下角的1向左移到中间，把右上角的2向下移到右下角，就变成了图8-12的样子。

再如，把图8-11左上角的1向下移到中间，把右下角的1向上移到中间，把右上角的2向左移到中间，把中间的2向右下方移一点，把左下角的3向右移到中间，把中间的3向左上方移一点，就变成了图8-13的样子。

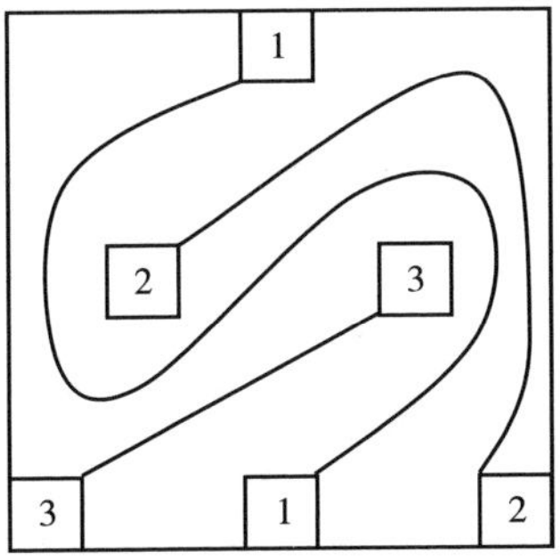

图8-12 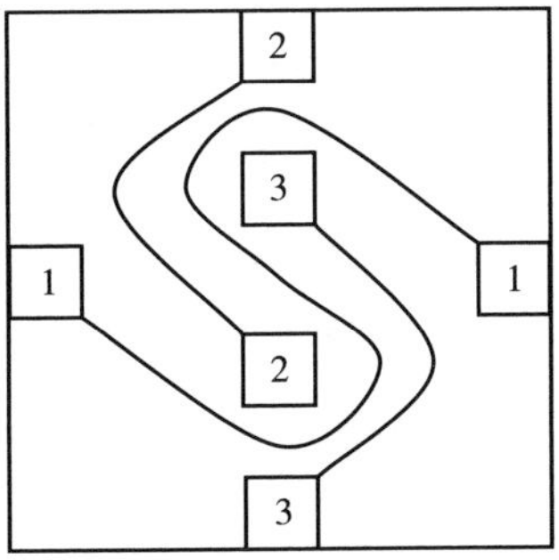　　　　　　　　　　图8-13

2　四条跑开的狗

如图8-14所示，某训练场有A、B、C、D四条狗，狗在训练场内跑开了，分别跑到了相应的A′、B′、C′、D′点，但它们的足迹没有交叉。你能画出这四条狗的足迹吗？

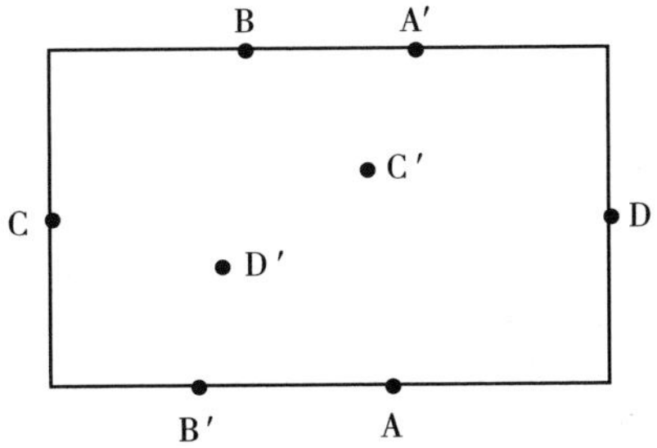

图8-14

——— 解　答 ———

我们先把图8-14中的C′、D′点变动一下，如图8-15所示。这样很容易画出四条不交叉的路线。

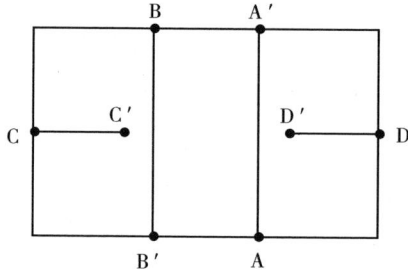

图8-15

尔后，我们想象点C'和D'分别拉着线条CC'和DD'向图8-14的地方，按照一个方向扭动，中间的线条AA'和BB'也按同一方向扭动，顺时针扭动后的情况如图8-16，逆时针扭动后的情况如图8-17。这样，题目就有了清晰的思路，能很快画成不交叉的四条线。

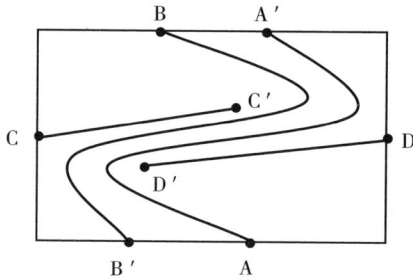

图8-16

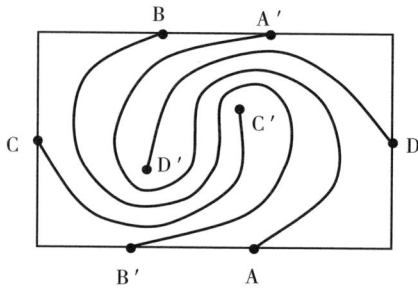

图8-17

第四节　做不成功的原因

在智力题中，绝大多数问题是问如何能做好某件事情，但有的事情压根就做不成，比如哥尼斯堡七桥问题。生活中，如果能认识清楚这类问题，就能少花费不必要的精力，改换方案。但是，有些事情，要说清楚做不成的原因，可能也不是很容易。一些人经过一定的摸索与琢磨，可能也认识到了它是做不成的，但却不一定能讲清楚为什么做不成。本节的题目全部都是做不成的，但要求把做不成的原因说得明明白白。

1　铺不成地面

图8-18是一间房子的地面，每个方框是一平方米，共有14平方米。房间的主人想给地面铺上地板砖，于是，他到市场上买了7块宽1米、长2米的地板砖，结果怎么铺也铺不好。请问，为什么他不能用7块2平方米的地板砖铺好这14平方米的地面呢？

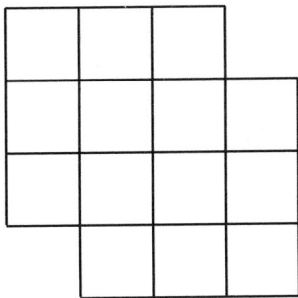

图8-18

─────── 解　答 ───────

地板砖的规格是宽1米、长2米，铺地板砖时，一般会从角上铺起，每块地板砖必然会铺两个连着的方格。

我们用两种颜色把相邻的方格区别开来，如图8-19所示，用灰色和白色区分。这样，每块地板砖必然要盖一个灰色和一个白色方格。但图8-19中的白色方格有8个，灰色方格却只有6个，这样的话，无论怎么铺地板砖，最后都会发生剩一块地板砖和两个不相连的白色方格的情况，因此，无法铺成。

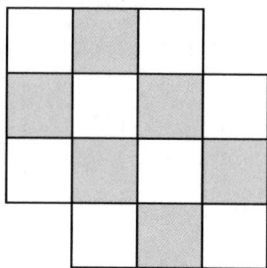

图8-19

2 画不成连线

如图8-20所示，在5×5的方阵中，排列着24个圆圈和一个叉。现在，请你随便先选一个圆圈，开始逐一连接相邻的圆圈，只能直着连，不能斜着连，并且每个圆圈只能连一次，不能经过叉的位置，要求把所有的圆圈连接完。连着连着，你就会发现，无论从哪一个圆圈开始连起，无论怎么连，到最后，都必定最少会剩下一个圆圈无法连到。请问，这是什么原因？

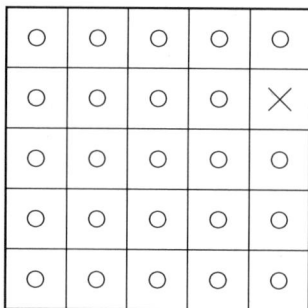

图8-20

─────── 解　答 ───────

我们把这24个圆圈用两种颜色区分出相邻的圆圈，为了更容易看明白，我们不妨把圆圈改成方格，如图8-21所示。这样你会发现，白色方格比灰色方格多两个。因为画线必须是相邻的方格（圆圈）才能相连，即要么白连灰，要么灰连白。所以，即使从较多的白色方格开始连起，白连灰、灰连白、白再连灰、灰再连白……到把灰色方格连完时，再以白色方格结束，这时，也必定会剩一个白色方格（圆圈）无法连到。

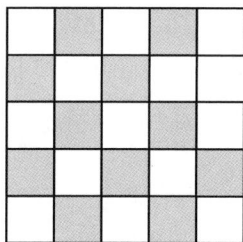

图8-21

3 换不成座位

某班有49个学生，坐成了7排7列。为了同学们的视力健康，需要经常换座位。有一位同学说，每次换座位都要搬来搬去，如果我们每人都换到邻座，那就方便了。请问，这样的换座位方法能不能实现？

———— 解　答 ————

我们可以画出一个7×7的方格图，相隔的方格涂成一黑一白。假设每个同学的位置对应一个方格，那么，要换到邻座，必然是，要么从黑方格走向白方格，要么从白方格走向黑方格。但由于黑白方格不一样多，因此，这种换座位的办法无法实现。

第九章　绕绳与套圈

绳和环对人们的工作和生活帮助很大，人们离不开这两样东西。如何巧妙地利用绳和环，是工作和生活中的一种技巧。绕绳或套环的方法，有的巧妙，有的专业，有的甚至很深奥，我们不做研究。但有些简单又很智慧的绕绳和套环方法，具有智力题的特点，对人们的智力开发有一定的作用。

第一节　巧妙的绳结

自古以来，结绳与解结都是一门技巧。我们在生活中经常会遇到用绳子拴东西及相应的把绳子解开的问题。绳子的拴法与所打结的种类，可以说是五花八门，多种多样。实践中，人们摸索研究出了许多很好的拴绳与打结方法，有的方法的确给人们带来了方便，甚至关键时候能解人燃眉之急。

1 绳套锁

如图9-1所示，锁被一条相当长的绳子拴着。在锁打不开，两个绳头也都不能解开的情况下，如何拿走锁？

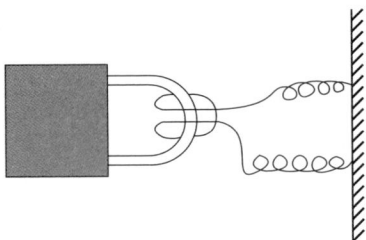

图9-1

——————————— 解　　答 ———————————

这是生活中用得较多的一种拴物、解物方法，尤其是在绳子长的时候，巧妙地运用这个办法，很方便。如图9-2所示，把结松动，绕过锁后，绳子可以从锁环中拉出来，锁即可取下。

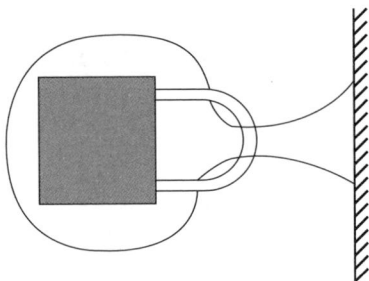

图9-2

2 钢管上的绳结

如图9-3所示，连接插座和插头的电线缠在了一根钢管上，打了一个结。钢管很长，也很重，无法搬动，电线不能从钢管的两头取出。钢管下面垫了块很薄的方木，电线比较长，可以通过钢管下面。插头被固定住了，不能移动。插座不能通过钢管下面。问，如何把插座取出来？

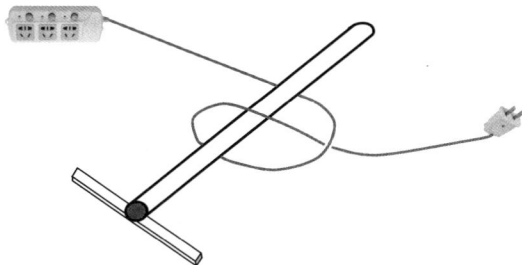

图9-3

─────── 解　　答 ───────

如果插头能动，那么，把插头从结中取出来，和插座放于左侧，拉动电线，电线就会从钢管底下抽出来。由于插头不能动，因此，要利用绳结可移动的原理，把电线绾成的结移到插板一侧。

移动绳结的方法很简单，把钢管右边放在插头线上面的绳子从钢管下面拉向左边，绳结就从钢管下方的右边插头一侧拉到了钢管上方的左边插板一侧，如图9-4所示。现在，就容易解开绳结了：把插板从电线绾成的结中取出来，和插头一起放在钢管右边，然后，拉动钢管下面的电线，就取出来了。

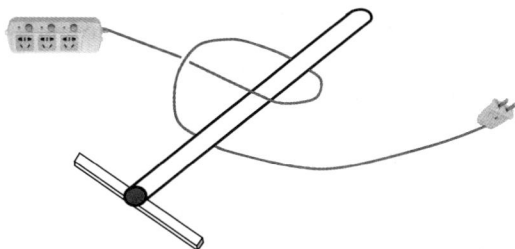

图9-4

③ 不解绳头逃脱术

两名警察卧底被毒贩发现后，毒贩把他们送到了一个江心洲。江心洲只有一座独木桥与外界相连，两个被拴在一起的人，是无法通过独木桥的。为了防止警察逃跑，毒贩把两个警察各自的两个手腕用一根绳子拴住，并使二人的绳子交叉起来。绳头非常结实，无法打开，如图9-5所示。毒贩认为，这样，两名警察不能分开，他们便无法逃离江心洲。可是，警察很快就想到了办法，在没有解开绳头的情况下，二人分开了。请问，警察是如何分开的？

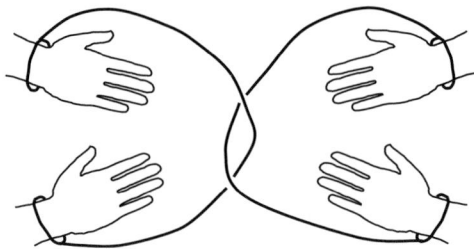

图9-5

━━━━━━━━━━ 解　答 ━━━━━━━━━━

两根绳子如此交叉，我们可以认为是一名警察的绳子套在了另一名警察的手腕处。如图9-6所示。

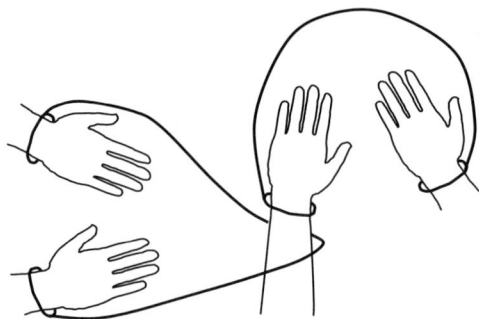

图9-6

这样看，就是左边警察的绳子套在了右边警察的左手上。如此一来，问题就简单了。如果把左边警察的绳子贴着右边警察的左手腕向上拉，从右边警察手腕上的绳环里面穿过去，然后穿过所有的手指，之后再贴着手往下拉，从手腕上的绳环穿下来之后，二人就分开了。

第二节　智慧的圈环

我国古代就流传有一些套环游戏，比如著名的"九连环"。现在，人们创造出了越来越多的套环玩具，样式众多，复杂程度不一。这些玩具相当受人们的欢迎和喜爱，它们不但在正式的玩具商店中销售，甚至在火车上也有人叫卖。另外，有的套环玩具还被某些商家当作赠品附在包装内。下面的题目就是非常典型的套环游戏。

1 三环相套

有三个相同大小的圆环套在一起，拿起其中任意一个圆环，都能带起另外两个圆环，而拆下其中任意一个圆环，另外两个圆环也就自行分开了。请问，这三个圆环是怎么套的？

—————————— 解　答 ——————————

把任意一个圆环拆下来后，另外两个圆环会自行分开，这说明另外两个圆环并没有套在一起。没有套在一起的两个圆环，加上第三个圆环后就都套在了一起，那只有靠第三个圆环把它们套在一起。把两个圆环放在一起，用第三个圆环套它们，再保证三个圆环的地位相同，试一试，用图9-7的办法能做成功。

图9-7中，三个圆环是互相压着套在一起的，这样有可能看得不是太清楚。我们可以把其中一个圆环拉变形，如图9-8所示，这样就能看得非常清楚了。

图9-7　　　　　　　　　图9-8

2 解马蹄环

在众多的智力解环玩具中，有一款非常有趣的传统玩具，叫马蹄环，如图9-9所示。

这款玩具的两边各有一个马蹄形的铁丝，马蹄形的两耳处各有一个小环，两个马蹄的两耳相对，之间各用一个小环连接，两个马蹄之间套的圆环比两个马蹄中部的最宽处小，不可直接取下来。那么，如何把套在两个马蹄之间的圆环取出来？当然，取出来之后，还要能套上。

图9-9

解　答

虽然圆环的直径比马蹄中部的最宽处小，圆环不能从马蹄上直接取下来，但是，这两个马蹄不固定，能活动，所以，我们可以利用这一点，把圆环取出来。

我们假设圆环的一侧可以伸缩，比如左侧可以拉长，那么，固定其右侧，把左侧向左下（上）方拉，绕过下（上）面马蹄的左下（上）部分，就可以把圆环取出来了。当然，圆环不能变形，拉不长，但是，我们可以利用这个想象，看有没有办法让圆环的一边，如左边，绕过马蹄。

首先，我们把圆环的一边，如右边，向上套到连接两耳的小环处，如图9-10所示。然后，把上面的马蹄向左下方移动，使圆环的右上部居于下面马蹄的两耳之间空隙处之下，如图9-11所示。

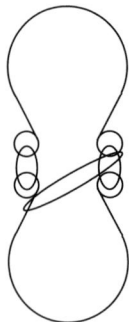 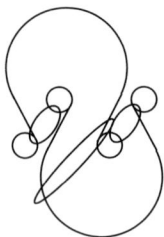 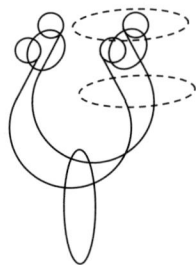

图9-10　　　　　图9-11　　　　　图9-12

这时，空间仍然不够，需要把上面的马蹄向下翻转。上面的马蹄向下翻转的过程中，让圆环右上部从后方绕过上面马蹄的右耳，使圆环上部也居于上面马蹄的两耳之间。当上面的马蹄折向下面的马蹄，接近并拢状态时，圆环就会向下自动掉到两个马蹄的底部，同时套在两个马蹄的底部，如图9–12所示。之后，圆环就能通过两个并拢的马蹄任意一边的耳部取出来。

能取就能套，套的时候，按相反顺序就能成功。

第十章　分物与计时

无论是在工作中还是在生活中，都常常会遇到分物品问题和计时问题。取出定量的物品或按一定的比例进行调和时，如果有恰当的容器或称量工具，那很简单。而如果仅有一定的非目标数量的衡量工具，需要进行一定倒换，那就会复杂一些，有的甚至相当麻烦。同样，计时时，如果有钟表或其他恰当的工具，那很简单。而如果仅有一定的非目标时间的计时工具，需要进行一定变化，那就会复杂一些，有的甚至相当麻烦。本章专门讲分物和计时两个方面的智力题。

第一节　分物：取出定量或调和比例

在工作和生活中，经常需要利用一定的容器或称量工具，从大量或定量的散装物品中，取出规定的数量，或调和成规定的比例。这类问题，多数不是很难，绝大多数人能做出来，但是，找出最简单快捷的办法，却有一定的难度，我们要力图找到最好的办法。

1　分奶

8升牛奶装在一个大杯中，如何利用两个容积分别为5升和3升的小杯，把8升牛奶平分？

———————————— 解　　答 ————————————

平分8升牛奶的关键是利用三个容器的容积算出4升。可以用表10–1的方法分成功。

表10-1　平分8升牛奶的步骤

步骤	倒的方向	大杯	5升小杯	3升小杯
开始		8	0	0
1	大杯→5升小杯	3	5	0
2	5升小杯→3升小杯	3	2	3
3	3升小杯→大杯	6	2	0
4	5升小杯→3升小杯	6	0	2
5	大杯→5升小杯	1	5	2
6	5升小杯→3升小杯	1	4	3
7	3升小杯→大杯	4	4	0

2　分酒

有两只8两装的酒瓶，它们都装满了酒，另有一只3两装的空瓶和四个空杯。现在要把这两瓶酒平均分到四个空杯中，每个杯中倒4两酒，而且，酒倒入杯中后，就不能再被倒出来。请问，该怎么分？

—— 解　答 ——

这道题复杂一些，步骤较多。为方便叙述，我们把两只8两装的酒瓶分别称为A和B，把3两装的酒瓶称为C，把四个酒杯分别称为D、E、F、G。具体步骤如表10-2所示。

表10-2　给四个空杯各分4两酒的步骤

步骤	倒的方向	A（8两）	B（8两）	C（3两）	D（空杯）	E（空杯）	F（空杯）	G（空杯）
开始		8	8	0	0	0	0	0
1	A→C	5	8	3	0	0	0	0
2	C→D	5	8	0	3	0	0	0
3	A→C	2	8	3	3	0	0	0
4	A→E	0	8	3	3	2	0	0
5	C→A	3	8	0	3	2	0	0
6	B→C	3	5	3	3	2	0	0
7	C→A	6	5	0	3	2	0	0

续表

步骤	倒的方向	A（8两）	B（8两）	C（3两）	D（空杯）	E（空杯）	F（空杯）	G（空杯）
8	B→C	6	2	3	3	2	0	0
9	C→A	8	2	1	3	2	0	0
10	C→D	8	2	0	4	2	0	0
11	B→C	8	0	2	4	2	0	0
12	A→C	7	0	3	4	2	0	0
13	C→B	7	3	0	4	2	0	0
14	A→C	4	3	3	4	2	0	0
15	C→B	4	6	0	4	2	0	0
16	A→C	1	6	3	4	2	0	0
17	C→B	1	8	1	4	2	0	0
18	C→F	1	8	0	4	2	1	0
19	A→G	0	8	0	4	2	1	1
20	B→C	0	5	3	4	2	1	1
21	C→F	0	5	0	4	2	4	1
22	B→C	0	2	3	4	2	4	1
23	C→G	0	2	0	4	2	4	4
24	B→E	0	0	0	4	4	4	4

3 调酒

有两瓶9升的水和酒精，甲瓶是水，乙瓶是酒精，现在有3个3升的空杯。问，如何调成两瓶各含一半水和一半酒精的混合液？

———— **解　　答** ————

这道题存在调和的问题，比单纯的分物难度大。

空杯都是3升装的，很容易调成6升的混合液，所以，要充分利用这一情况。

为了便于说明，第一，假设开始时甲瓶装有9升水，乙瓶装有9升酒；第二，把3个3升杯编为1、2、3号杯；第三，把各含一半水和一半酒精的混合液称为均合液。

具体步骤如表10-3所示。

表10-3　调混合液的步骤

步骤	倒的方向	各容器中的液体升量									
		甲		乙		1号杯		2号杯		3号杯	
		水	酒	水	酒	水	酒	水	酒	水	酒
开始		9			9						
1	甲→1号	6			9	3					
2	甲→2号	3			9	3		3			
3	乙→3号	3			6	3		3			3
4	3号→甲	6升均合液			6	3		3			
5	乙→3号	6升均合液			3	3		3			3
6	1号→乙	6升均合液		6升均合液				3			3
7	乙→甲	9升均合液		3升均合液				3			3
8	2号→乙	9升均合液		6升 33.3%酒精溶液							3
9	3号→乙	9升均合液		9升均合液							

第二节　计时：倒置沙漏或燃烧物品

　　沙漏也叫作沙钟，是一种计时工具。沙漏装置如图10-1所示，上下有两个玻璃容器，中间用一个狭窄管子连接，通过一定的沙子从上面的玻璃容器流到下面的玻璃容器花费的时间来计时。当沙子全都流到下面的玻璃容器中，沙漏就可以颠倒，再次计时。当然，也可以中途颠倒。

　　用沙漏计时，如果沙子全漏完的时间与需要计取的时间刚好吻合，那非常容易，只要把沙漏的沙子全部放置于上面，从开始漏沙到沙子漏完所花的时间，就是需要计的时间。而如果需要计的时间与沙子全漏完的时间不吻合，那就比较费事。通常的办法是用两个沙漏配合，进行一定的倒置与停顿，计取出需要的时间。

　　燃烧物品往往需要一定的时间。有些定量的物品，燃烧完的时间是确定的，比如香、绳子，因此可以用燃烧这些物品来计时。但是，如果需要计取的时间与物品燃烧完的时间不符合，那就需要想办法了。均匀燃烧的物品，可以通过燃烧一定比例部分的办法计时，也可以通过同时燃烧两端的办法计时；不均匀燃烧的物品，必须用同时燃烧两端的办法计时。当然，如果需要计的时间较长，还需要用两根甚至多根进行配合，按照一定顺序燃烧。

图10-1

1 沙漏计时（一）

有两个沙漏，大沙漏的沙子全部漏完要8分钟，小沙漏的沙子全部漏完要6分钟。现在要用它们计时10分钟，怎么操作？

———————————— 解　　答 ————————————

两个沙漏同时开始从零计时。小沙漏的沙子全部漏完后，立即反转，继续计时。大沙漏的沙子漏完时，过了8分钟。这时，小沙漏第二次计时了2分钟，立即反转小沙漏，继续计时。等小沙漏的沙子漏完时，就又过了2分钟。这样，就一共过了8+2=10分钟。

2 沙漏计时（二）

有两个沙漏，大沙漏的沙子全部漏完要7分钟，小沙漏的沙子全部漏完要5分钟。现在要用它们计时16分钟，怎么操作？

———————————— 解　　答 ————————————

两个沙漏同时开始从零计时。小沙漏的沙子全部漏完后，立即反转，继续计时。大沙漏的沙子全部漏完后，立即反转，同时，把小沙漏横置。这时，过了7分钟，小沙漏的一侧漏完需要2分钟，另一侧漏完需要3分钟。大沙漏第二次漏完时，过了7×2=14分钟，这时，启动小沙漏2分钟的一侧。等小沙漏的沙子漏完时，就又过了2分钟。这样，就一共过了14+2=16分钟。

3 烧香计时

有一根质地均匀的竹香，燃烧的时间与其长短成正比，从一端燃烧到另一端，刚好是1个小时。如果用这根香计时45分钟，怎么才能办到？

———————————— 解　答 ————————————

竹香的燃烧时间与其长短成正比，因此，可以利用其长短，按比例燃烧计时。量出竹香的四分之一，从另一端点燃竹香，开始计时，等这根竹香燃烧到四分之一处时，就刚好过了45分钟。

当然，也可以用这个办法：量出竹香的一半，点燃竹香的一端，等竹香烧完一半时，时间就过了30分钟。这时，再把另一端也点燃。剩下的一半竹香，单向燃烧需要30分钟，两端同时燃烧，会节省一半时间，是15分钟。因此，等这根竹香烧完时，就刚好是30+15=45分钟。

4 烧绳计时

假设有两条同款绳子，点燃它们的一端，绳子开始燃烧，烧完刚好是1个小时。但这两条绳子都不均匀，燃烧的长短与时间的长短并不成一定的比例。请问，如果想用这两条绳子计时45分钟，怎么才能办到？

———————————— 解　答 ————————————

由于绳子不均匀，因此，不能用燃烧一定比例的部分计时，但是，绳子可以从两端同时点燃，这是解决问题的关键。

为方便叙述，我们把两条绳子分别叫作甲绳和乙绳。

计时开始，同时点燃甲绳的两端和乙绳的一端。甲绳的两端同时燃烧，会节省一半时间，因此，原本1小时烧完的绳子会在30分钟烧完。甲绳烧完时，乙绳也烧了30分钟，剩下的绳子从一头燃烧，可以烧30分钟。这时，再把乙绳未燃烧的一端点燃，由于乙绳从这时起两端同时在燃烧，因此，剩下的时间会节省一半，原本30分钟烧完的绳子现在15分钟会烧完。这样，第二次点燃乙绳前烧了30分钟，第二次点燃乙绳后烧了15分钟，就刚好是30+15=45分钟。

第十一章　游戏与任务

为了生活得更好，人类既会经常玩一些能直接带来快乐的趣味游戏，更要经常做一些有利于生存和发展的工作任务。要玩赢游戏、完成任务，很多时候，都需要一定的智力甚至较高、极高的智力。有的游戏和任务，很适合作智力题。

第一节　寻找规律，玩赢游戏

追求快乐是人类的本性，人们常常会做一些有趣的活动，游戏就是人们为了追求快乐而进行的专门活动。从古至今，人类创造了许许多多的游戏。数量万千的各种游戏中，多数都需要较高的智力才能玩赢。人们也把那些具有明显智力需求特点的游戏叫作智力游戏。

凡是玩智力游戏，都有利于锻炼和提高人们的智力。但是，一些专业的棋牌类游戏，要想玩得很好，不但需要较高的智力，还需要较长时间的学习、研究和实践。因此，除少数规则简单的游戏的残局，大多数棋牌游戏，作为智力题都不合适。本节涉及的专门游戏中，只讲以出完牌为胜的打扑克游戏残局。

一些并不很复杂的智力游戏，往往有其获胜的简单规律。玩这些游戏，如果掌握了其中的规律，抓住了关键，就能常常赢甚至确保赢；而如果没有掌握其中的规律，盲目地去玩，就往往会输甚至必输。有时，一些人甚至还利用这些游戏在街头巷尾摆摊赚钱，吸引好事者前来挑战。当然，挑战者基本都会输，而且，大多挑战者即使输了，也不知道其中简单的道理。

本节的游戏，都有获胜的规律，这些规律是玩家制胜的奥秘所在，掌握了这些规律，在玩游戏时，就能成为立于不败之地的"常胜将军"。

1　圆桌放物

两人轮流把规格相同的硬币放到圆桌上。放硬币时，不能压其他硬币。谁最后没有地方再放硬币，谁就输了。玩这种游戏，先手时，有一种办法可以确保获胜。你能想到这种办法吗？

———— 解 答 ————

圆桌有一个重要特性，那就是中心对称，我们可以利用这个特性获胜。

先手的策略是，先在圆桌的正中心放上一枚硬币，尔后，对手在哪里放，你就放在与他所放硬币关于圆桌正中心对称的地方。这样，只要他有地方放，你就总会有地方放。最后，他会先找不到地方放。

按照这种游戏规则，在正方形、长方形、菱形以及其他中心对称的桌面上，也都可以采取相同的策略。

2 抓两堆

桌上放了两堆棋子，一堆10个，一堆15个。两个人轮流从这两堆棋子中取走一些，要求是，可以从一堆中取走1到所有数量的任意几个，也可以从两堆中各取走一些，但必须数量相同。谁取走最后一个棋子，谁获胜。玩这种游戏，如果你先取棋子，有没有办法能确保获胜？

———— 解 答 ————

寻找玩这种游戏的必胜规律，要从最后一次拿棋子的情况向前分析。

为方便叙述，我们把两堆棋子的数量用"+"连接起来，用x和y表示除0外的任意数量。

我们设想双方都很聪明，只有在没有办法的情况下才会输，这样，在分析的时候，就要面对最糟糕的情况，找出最可靠的办法。

先分析最后一回合的情况：

要想取到最后1个棋子，在最后一次拿棋子之前，这两堆棋子的情况只有两种可能，一是$0+x$，一是$x+x$。

但对方不会轻易让棋子剩成$0+x$或$x+x$的，只有在被迫无奈的情况下，才会让棋子剩成$0+x$或$x+x$。那么，在什么情况下对方会被迫剩成$0+x$或$x+x$呢？这比较明显，那就是，只有在轮到对方取棋子时两堆棋子为$1+2$的情况下，无论他拿走1、$1+1$、2中的哪一种，都会剩成$0+x$或$x+x$的情况。其他情况下，对方都有办法避免必输结局。

所以，最后一回合时，面临$0+x$或$x+x$会赢，面临$1+2$会输。那么，我就要想办法让自己面临$0+x$或$x+x$，同时避免自己、迫使对方面临$1+2$。

再分析倒数第二回合的情况：

想让对方最后一回合面临1+2，我拿棋子前应该形成1+（2+x）或（1+x）+2或（1+x）+（2+x）的情况。因为在这三种情况下，我拿走x或$x+x$，就能给对方剩下1+2。这三种情况复杂，我们分别进行讨论。

先看1+（2+x）的情况。对方也知道在1+（2+x）的情况下我必胜，所以，如果他面临1+（2+$x+y$），他不会只拿y，而会拿走（$x+y$），使我面临1+2。因此，我拿棋子之前，想形成1+（2+x）的情况，对方不可能是在1+（2+$x+y$）的情况下拿的。

再看（1+x）+2的情况。对方也知道在（1+x）+2的情况下我必胜，所以，如果他面临（1+$x+y$）+2，他不会只拿y，而会拿走（$x+y$），使我面临1+2。因此，我拿棋子之前，想形成（1+x）+2的情况，对方不可能是从（1+$x+y$）+2的情况下拿的。

后看（1+x）+（2+x）的情况。由于我拿棋子前既不可能是1+（2+x）的情况，也不可能是（1+x）+2的情况，因此，只有可能是（1+x）+（2+x）的情况。对方也知道在（1+x）+（2+x）的情况下我必胜，所以，如果他面临（1+$x+y$）+（2+$x+y$）的情况，他不会拿$y+y$，而会拿走（$x+y$）+（$x+y$），使我面临1+2。这样，只有可能是他面临（1+$x+y$）+（2+x）或（1+x）+（2+$x+y$），被迫拿走y，给我剩成（1+x）+（2+x）。由于有更多的情况可以演变，因此，我们只看x最小的情况。如果$x=1$，那么，对方面临的情况就是（2+y）+3或2+（3+y），由于在2+（3+y）的情况下，对方可以拿走（2+y），使我面临2+1，因此，只能使对方面临（2+y）+3。我们再看y最小是几。当$y=1$时，对方面临3+3，他可以拿走3+3，直接获胜；当$y=2$时，对方面临4+3，他可以拿走2+2，使我面临2+1；当$y=3$时，对方面临5+3，无论怎么拿，都会给我剩成0+x或$x+x$，或者1+（2+x）或（1+x）+2或（1+x）+（2+x），让我获胜。

0+x或$x+x$的情况与第一回合分析的情况相同。所以，倒数第二回合时，面临1+（2+x）或（1+x）+2或（1+x）+（2+x）会赢，面临3+5会输。那么，我就要想办法让自己面临1+（2+x）或（1+x）+2或（1+x）+（2+x），同时避免自己、迫使对方面临3+5。

根据倒数两个回合的推理，可以发现这么一个规律。前一回合要迫使对方面临最不利的情况，就要使对方不能取走一些棋子后，形成后面所有回合可以赢的情况。

根据前述分析，结论是：

最后一回合不能让对方面临0+x或x+x，要迫使对方面临1+2。但是，一开始桌上有10+15个棋子，自己先取，下一步就不能使对方面临1+2。

倒数第二回合既不能让对方面临0+x或x+x，也不能让对方面临1+（2+x）或（1+x）+2或（1+x）+（2+x），要迫使对方面临3+5。但是，一开始桌上有10+15个棋子，自己先取，下一步不能使对方面临3+5。

按照前述分析方法继续分析，结论是：

倒数第三回合既不能让对方面临0+x或x+x、1+（2+x）或（1+x）+2或（1+x）+（2+x），也不能让对方面临3+（5+x）或（3+x）+5或（3+x）+（5+x），要迫使对方面临4+7。但是，一开始桌上有10+15个棋子，自己先取，下一步不能使对方面临4+7。

倒数第四回合既不能让对方面临0+x或x+x、1+（2+x）或（1+x）+2或（1+x）+（2+x）、3+（5+x）或（3+x）+5或（3+x）+（5+x），也不能让对方面临4+（7+x）或（4+x）+7或（4+x）+（7+x），要迫使对方面临6+10。一开始桌上有10+15个棋子，自己先取，从15个棋子的那堆中拿走9个，就使对方面临6+10。之后，无论对方如何取棋子，我都能按照上述办法，控制住局面，最终获胜。

本题所述抓两堆游戏其实是威佐夫博弈中的一个简单实例。威佐夫博弈的规则和本题完全相同：有两堆各若干个物件，两个人轮流从任一堆中取至少一个或同时从两堆中取同样多的物件，规定每次至少取一个，多者不限，最后取光者获胜。

根据上面的分析，当两堆物件的数量更多时，我们还可以进一步总结出要迫使对方面临情况的规律：前一回合的情况既不能是0+x或x+x，也不能有一堆的数量和后面任一回合的其中一堆的数量相同，还不能使两堆数量的差与后面任一回合两堆数量的差相同。这样，最后一回合就要迫使对方面临1+2。倒数第二回合最少一堆的数量不能是1和2，那么，最小的数字就是3，差就是2，即3+5。倒数第三回合最少一堆的数量不能是1、2、3、5，最小的数字就是4，差就是3，即4+7。倒数第四回合最少一堆的数量不能是1、2、3、4、5、7，最小的数字就是6，差就是4，即6+10。按照这一规律，倒数各回合要迫使对方面临的情况，就分别是：1+2，3+5，4+7，6+10、8+13、9+15、11+18、12+20、14+23、16+26、17+28、19+31……

为了看得更清楚，我们把各回合要迫使对方面临两堆棋子的数量及其差数列成一个表。是倒数第几回合，两堆棋子之差就是几，因此，列表时可以不必写出倒数第几回合。最后12回合的情况如表11-1所示。

表11-1　各回合要迫使对方面临两堆棋子的数量及其差数

甲堆	1	3	4	6	8	9	11	12	14	16	17	19	……
乙堆	2	5	7	10	13	15	18	20	23	26	28	31	……
两堆之差	1	2	3	4	5	6	7	8	9	10	11	12	……

3 吃"井"字

吃"井"字游戏，也叫"井"字棋，是两人玩的小游戏。在九宫格中，一人放小石子，一人放小木棒，谁放的三个格子先连成一条线，无论是横竖还是对角，谁就赢。当然，也可以用画标记的办法，通常是一人画"○"，一人画"×"。如图11-1所示，便是画"○"的一方获胜。

图11-1

玩这种游戏，有什么制胜策略？

———— 解　答 ————

这种游戏并不复杂，掌握了策略，便可提升获胜概率。如果双方都掌握了制胜策略，则会打成平手。

其策略有两个关键点。从我方取胜的角度讲，要先占角或中心。从阻止对方取胜的角度讲，在对方占角或中心后，我方要相应地占中心或角。下面详细讲述一下具体方法。

阻止对方成功的根本策略是，不使对方而使我方放的三个子形成两条甚至三条线上皆有两个子的态势。对方只在一条线上有两个子，我方在这条线上下子，他就在这条线上连不起来。我方形成了两条甚至三条线上皆有两个子的情况，对方只能阻止一条线，我方可以在另一条线上或另两条线的任意一条线上下子，把这条线连起来。

那么，我们就要研究一下在两条甚至三条线上皆有两个子的态势都有哪些形状。在九宫格中试一下，不难发现，如图11-2所示的几种形势，下一步会有两三种办法形成三点一线。

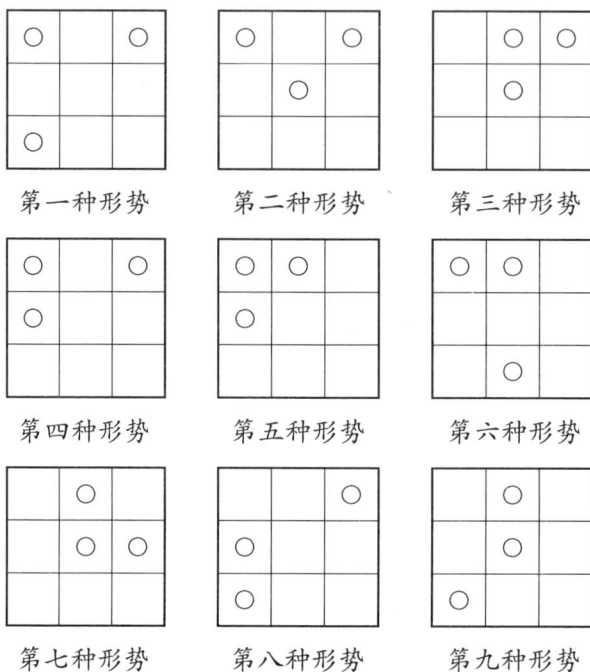

第一种形势　　　　　第二种形势　　　　　第三种形势

第四种形势　　　　　第五种形势　　　　　第六种形势

第七种形势　　　　　第八种形势　　　　　第九种形势

图11-2

以上九种情况可以通过旋转和翻转变形，形成的新情况道理相同，因此，这里我们就以这九种情况为例进行讲述。

前三种情况下，横竖斜三条线上都只差一个子就可以连成一条线。接下来的四种情况下，三个方格形成了横竖两条线上都差一个就可以形成一条线的情况。最后两种情况下，三个方格形成了竖斜两条线上都差一个就可以形成一条线的情况。这九种情况下，对方只能在这两三条线上的其中一条线上下一个子，无法同时阻止我在两三条线上形成连线。他在其中一条线上下子，我在另一条线上或另两条线中的任意一条线上下一个子，就能形成一条连线从而获胜。

所以，获胜的办法就是，我方要尽快形成这九种情况，同时要阻止对方形成这九种情况。

前三种情况中，三条线上都只差一个方格就可以连成一条线，而且，这三种情况都包括角上的方格，因此，成功的最重要策略就是占角，阻止对方的最重要策略就是避免对方形成这些情况。

阻止对方时，要根据对方所放的方格采取措施，因此，我们这里再详细讲一下当对方先放时，如何阻止对方。

当对方放各边的中间一格时，只有在纵横两条线上可以成功，我方在对方放第二个子后就可以及时阻止他。例如，对方先放左边的中间一格，再放左下角，只要自己这时堵住左上角，就能成功阻止对方。

当对方放各角时，在纵横斜三条线上可以成功，我方要及时堵住中点，不然后面有可能会让他形成在两三条线上皆有两个子的态势。例如，对方先放左上角，我方要放中心，这样，对方只有在两条线上可以成功。之后，对方若再放左下角，自己就放左边中间。这时，对方必须放右边中间，阻止自己。我方下一步可以放右上角或右下角。之后，对方只有相应地放右下角或右上角才有意义，对方放后，我方可以阻止。

当对方放中心时，在纵横和两条斜线共四条线上可以成功，我方要及时放在一个角上，不然后面有可能会让他形成在两三条线上皆有两个子的态势。例如，对方先放中心，我方放右上角，这样，对方有三条线可以成功。对方再放左上角，我方必须放右下角。这时对方必须放右边中间，阻止我方。我方下一步必须放左边中间。之后，对方只有放在上边中间或下边中间才有意义，无论他放哪一格，我方都可以阻止。

我方先放时，为了成功，要先放角或中心。

我方先放角时，对方只要第一个没有放在中心，就会输。对方第一个如果放在任意一边的中间，必会输。例如，第一步，我方放右上角，对方放右边中间。第二步，我方放中心，对方必须放左下角，否则下一步我方放在左下角，就会在右上斜线上形成连线。第三步，我方放上边中间，这时，就会形成图11-2的第三种形势，虽然对方在左下角有一子，但无法同时阻止我方下一步在第一行或第二列上连成一条线。对方第一个如果放任意一个角，也必会输。例如，第一步，我方放左上角，对方放右下角。第二步，我方放右上角，对方必须放上边中间，否则下一步我方放在上边中间，就会在上边形成连线。第三步，我方放左下角，这时，就会形成图11-2的第一种形势，虽然对方在上边中间有一子，但无法同时阻止我下一步在第一列或右上斜线上连成一条线。

我方先放中心时，对方只要第一个子没有放在角，就会输。例如，第一步，我方放中心，对方放在右边中间。第二步，我方放左上角，对方必须放右下角，否则下一步我方放在右下角，就会在右下斜线上形成连线。第三步，我方必须放右上角，以阻止对方在右边形成连线，这时，就会形成图11-2的第二种形势，虽然对方在右下角有一子，但无法同时阻止我下一步在第一行或右上斜线上连成一条线。

4 扑克游戏：五人密切合作巧胜一人

有一种六人玩的扑克游戏残局，一人是游戏的一方，其他五人是游戏的另一方。各家的所有扑克牌，都放在桌面，互相皆可看见。五人一方的，在出牌的整个过程中，他们都可以商量如何出牌。

某一盘，甲为一方，乙、丙、丁、戊、己五人为另一方。各家的座位和手牌如图11-3所示。

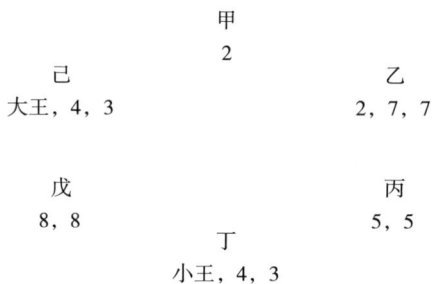

<pre>
                        甲
                        2
         己   乙
     大王，4，3   2，7，7

        戊   丙
       8，8   5，5
                        丁
                     小王，4，3
</pre>

图11-3

牌从大到小依次是：大王、小王、2、8、7、5、4、3。走牌的顺序是逆时针方向。牌型有两种，单张和对子，出单张，只能用单张压；出对子，只能用对子压。某家出牌后，如果无人再压，这个人就会上手，下一轮他发牌。某家出完牌后，如果无人压牌，那么，就该其下家借风，在下一轮发牌。

现在，由乙、丙、丁、戊、己这五人一方先出牌，他们可以商量由谁先出，出什么。请问，这五个人如何出牌，才能把甲的2憋在手中出不去，一直到五个人把牌全部出完？

───────── 解 答 ─────────

要想在乙、丙、丁、戊、己五个人把牌全部出完前憋住甲的2，那么，他们五人出牌时如果轮到甲出，要么是不小于2的单牌，要么是对子。

我们观察一下，可以发现，出单牌时，乙的2可以守一次门，丁的小王也可以守一次门。乙用2守门后，丁或者己只能接一次，无论谁接牌，都会导致另一个人手中的王浪费，有人不能把牌出完，因此，要让己接丁的小王，乙用2守门后，发对7，戊用对8接。

戊出对8后，丁借风，这一轮就必须把牌出完，而丁这时只能出一张小单牌。

己和丁都有两张小单牌，己在丁前，因此，必须让己先出。

这样看来，丙的对5必须拆开，分两次顺走。

由于己出一张单牌后，须用大王接回丁的小王，再出另一张单牌后，要能够让后面的丁和丙各顺一张牌，因此，己要先出4，后出3。

经过试验，乙、丙、丁、戊、己五人要按照下面的办法出牌才能获胜：

己出4→丁出小王→己出大王→己出3→丁出4→丙出5→乙出2→乙出对7→戊出对8→丁出3→丙出5。

第二节　遵守规则，完成任务

为了做好一些事情，尤其是难办的事情，人们常常需要完成一些任务。现实中需要完成的任务，各种各样，有的简单，有的复杂。简单的任务，花费的时间短，付出的辛苦少，不需要深入地思考；复杂的任务，有的可能需要花费较长的时间，有的可能需要付出很多的辛苦，有的可能需要深入地思考，有的甚至可能需要很高的智商和很强的心理素质。需要高智商才能完成的一些任务，有的也可以把它简化或直接拿来作为智力题。

1　按帽子颜色站队

心理训练课有一项这样的内容。在训练开始后，不允许学员说话，也不允许用其他方法示意。教员要求大家都闭上眼睛，然后告诉大家："现在，我给你们每人头上戴一顶帽子。这种帽子有两种颜色，一种是红色的，一种是黄色的。"由于大家看不见，因此，都不知道自己头上戴的是什么颜色的帽子。戴完帽子后，教员允许大家睁开眼睛观看。但学员只能看到别人头上帽子的颜色，看不到自己头上帽子的颜色。当然，在整个训练过程中，学员都不能把自己的帽子摘下来看。也就是说，他们始终看不见自己所戴帽子的颜色。之后，教员走到学员聚集的区域之外，对大家说："现在，你们一个一个地走到我的面前，站成一排，要求戴红帽子的站在一起，戴黄帽子的站在一起。也就是说，不允许出现两种帽子混为一排的情况。并且，最后大家要各自说出自己头上所戴帽子的颜色。"

请问，学员们要完成这个任务，应该如何操作？

———————————— 解　答 ————————————

学员能看到其他人帽子的颜色。我们可以假设，假如其他人已经站好了队伍，这时，要进队伍的学员必然会看到队伍的一边是戴红帽子的人，另一边是戴黄帽子的人，那么，只要他走到这两部分人之间，就不会出错。所以，可以利用这一点，完成这项任务。

先走到教员面前的两个学员随意站在一起。之后，走来的学员看到已站好的学员，这样选择：如果已站好的学员帽子颜色相同，他就随意站在他们的最外边；如果已站好的学员帽子颜色不同，他就站在他们的中间。当然，只要两种颜色帽子的数量相差不是太大，开始后不久或很快就会出现队伍中的帽子是两种颜色的情况。这样，等所有的人站完队后，必定是戴红帽子的人站在队伍的一头，戴黄帽子的人站在队伍的另一头。

最后一名同学会插到队伍中间。以这个同学为分界线，两边的同学都能从看到的同侧其他同学的帽子上判断出他头上所戴帽子的颜色。这时，最后插进队伍的同学还不知道自己头上所戴帽子的颜色，为了让这位同学确定自己头上所戴帽子的颜色，第一名同学重新进入队伍，这样，所有的同学就都知道自己头上所戴帽子的颜色了。

② 在五角星上放棋子

如图11-4所示，五角星上有五个顶点和五个交点，总共十个点。

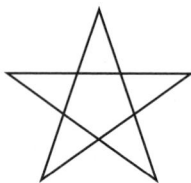

图11-4

现在要按照下面的规则给这十个点上放棋子：从一个空点开始沿着直线向前

数点位"一、二、三",当数到"三"时,如果是空位就可以放一个棋子。

具体要求是:第一,必须从空点开始数;第二,必须沿直线数;第三,数到"三"的位置必须是空位;第四,数"二"的点位可以是空位,也可以是放了棋子的点位。

按这样的规则最多可以放九个点位,而且,可以任意指定最后空出某个点位。如果你掌握了放棋子的方法,很快就能按要求放好。但如果不掌握方法,能放上七八个棋子就不错了。

请问,放棋子的方法是什么呢?

--- 解　答 ---

为方便起见,我们给五角星上的各点位标上字母,如图11-5所示。

假设要把空位留在E点,那么,第九个棋子必然是从E开始数"一、二、三"点位的,这样,第九个棋子就应该在C点或H点,我们取其一种,假设定在C点。

根据上述原理推理:第八个棋子应放在I点;第七个棋子应放在G点;第六个棋子应放在A点;第五个棋子应放在F点;第四个棋子应放在J点;第三个棋子应放在D点;第二个棋子应放在B点;第一个棋子应放在H点。

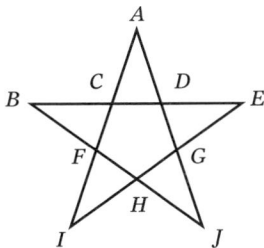

图11-5

也就是说,下一次放的点位是上一次放棋子时所数"一、二、三"的第"一"个点位。这好像"过河拆桥"一样,这次数过"一"之后,下次就放在这次数的"一"上。

其实,放子的点位顺序就是从一个空点开始,不断沿着直线往下数"一、二、三",数到"三"的,便是放子的点位,之后,再从这个点位开始数"一、二、三",如此数下去,共数九次。按照这个顺序放下去,最后剩余的空点就是第一次数"一"的点位。

按照题目规则，数的第一个点位必须为空，因此，数"一、二、三"时，不仅第一次可以从最终要留的空点位数起、第九次也要从最终要留的空点位数起，前八次要从刚才推理的放子点位顺序的下一个开始，按反方向数，即，第n次放子时，要从第n+1次放子的点位开始，向第n次放子的点位数"一、二、三"。例如，按照前面的假设，要把空位留在E上，各次放棋子的点位依次是H、B、D、J、F、A、G、I、C，那么，各次数"一、二、三"时，就要这么数：第一次从B数到H或从E数到H，第二次从D数到B，第三次从J数到D，第四次从F数到J，第五次从A数到F，第六次从G数到A，第七次从I数到G，第八次从C数到I，第九次从E数到C。

按照这样的做法，放起来非常容易。我们不妨再试一次：假如要把空位留在A上，那么，我们就可以按照这样的顺序数"一、二、三"放子：数IHG或ADG放G，数CFI放I，数EDC放C，数HGE放E，数BFH放H，数DCB放B，数JGD放D，数FHJ放J，数ACF放F。

还有一道智力题，原理与此题相同。如图11-6所示，八角星有八个顶点，要在顶点上放七个棋子，放的规则是：从没有棋子的一个顶点开始沿直线滑动，滑到直线的另一个角后，放一个棋子。请问，该如何放？

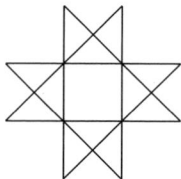

图11-6

3 队伍换位

如图11-7所示，12人的队伍，分成两部分，相对站立，每块地板上只能站一个人，中间有一个空位。

A_6	A_5	A_4	A_3	A_2	A_1		B_1	B_2	B_3	B_4	B_5	B_6

图11-7

现在，要按照以下规则，使两部分人互换位置。

第一，某人前面如果有空位，这个人可以直接走到前面的空位。

第二，某人前面如果隔一个人有空位，这个人可以隔着前面的一个人跳到空位。

除这两条规则外，不能进行其他移动，比如，人员只能前进，不可后退。

请问，队伍的这两部分人员，如何走，才能成功互换位置？

—————————— 解　答 ——————————

在试着完成这个任务的过程中，大家会很快发现一个问题，当二人前面还有另一方人员时，如果他们在空位前相邻，就会出现死局，因此，要避免出现在前面有另一方人员的情况下二人在空位前相邻。

下面，我们先分析一下前几步应该怎么走。

第一步，无论哪一方人员，显然不能隔着前面的一个人跳到空位，否则就会出现死局，因此，必须有一人直接走到前面的空位。A_1 和 B_1 都可以，我们以 A_1 为例。A_1 走到前面的空位后，其原来的位置就空了出来，如图11-8所示。

A_6	A_5	A_4	A_3	A_2		A_1	B_1	B_2	B_3	B_4	B_5	B_6

图11-8

第二步，很明显，A_2 不能直接走到前面的空位，否则 A_1 和 A_2 会相邻于空位前；A_3 也不能隔着前面的 A_2 跳到空位，否则 A_1、A_3 和 A_2 会相邻于空位前，出现死局。因此，只有一种走法：B_1 隔着 A_1 跳到前面的空位，如图11-9所示。

A_6	A_5	A_4	A_3	A_2	B_1	A_1		B_2	B_3	B_4	B_5	B_6

图11-9

第三步，如果 A_1 直接走到前面的空位，那么，下一步，无论是 A_2 隔着 B_1 跳到前面的空位，A_1 和 A_2 相邻于空位前；还是 B_2 隔着 A_1 跳到前面的空位，B_1 和 B_2 相邻于空位前，都会出现死局。因此，只能让 B_2 直接走到前面的空位，如图11-10所示。

A_6	A_5	A_4	A_3	A_2	B_1	A_1	B_2		B_3	B_4	B_5	B_6

图11-10

第四步，很明显，B_3 不能直接走到前面的空位，否则 B_2 和 B_3 会相邻于空位前，出现死局。因此，只有一种走法：A_1 隔着 B_2 跳到前面的空位。如图11-11所示。

A_6	A_5	A_4	A_3	A_2	B_1		B_2	A_1	B_3	B_4	B_5	B_6

图11-11

如此进行下去，我们就会发现，其走法其实很有规律，并不复杂。

走法的规律有三条：

第一，先由空位后的任意一方的第一名队员直接走到空位。

第二，由另一方第一名队员开始，依次隔着对方的人员向前跳，直到空位后全部是本方队员或没有本方队员。有本方队员时，空位后的一名队员直接走到空位。之后，双方队员不断轮流重复这一走法，直到一方第一名队员走到队伍的一头。

第三，当空位在一方的全部队员之后时，空位后紧接的另一方队员要直接走到空位，之后，其他队员隔着对方的人员依次向前跳。之后，双方队员不断轮流重复这一走法，直到成功。

按照这一规律，完成这个任务，按照下面的办法就能成功。为简便起见，我们把队员直接走到前面的空位叫"走"，把隔着前面一个人跳到空位叫"跳"。A_1和B_1先走的道理相同，我们以A_1先走为例。

（1）A_1走。

（2）B_1跳、B_2走。

（3）A_1跳、A_2跳、A_3走。

（4）B_1跳、B_2跳、B_3跳、B_4走。

（5）A_1跳、A_2跳、A_3跳、A_4跳、A_5走。

（6）B_1跳、B_2跳、B_3跳、B_4跳、B_5跳、B_6走。

（7）A_1跳、A_2跳、A_3跳、A_4跳、A_5跳、A_6跳。

（8）B_1走、B_2跳、B_3跳、B_4跳、B_5跳、B_6跳。

（9）A_2走、A_3跳、A_4跳、A_5跳、A_6跳。

（10）B_3走、B_4跳、B_5跳、B_6跳。

（11）A_4走、A_5跳、A_6跳。

（12）B_5走、B_6跳。

（13）A_6走。

进一步研究，我们还会发现，按照这样的规则，无论队伍有多长，都可以完成换位。而且，队伍两边的人员数量不相等时，也可以完成。

下 卷

专门思维学科
方面的智力题

第三篇 逻辑类智力题

第十二章 以偏求全

推理是思维的重要过程，也是逻辑题目的最大特点。根据已知的情况推理出未知的情况是最传统、最常见的逻辑方面的智力题。做这类智力题也可以说是"以偏求全"——通过部分情况推理出全部情况。

第一节 根据提示明确详情

逻辑题目中，有一个重要类型是根据题目给出的提示内容，推理出全部的详细情况。这类题目的数量非常多，其中一些经典的题目，特别合适作智力题。

做这类智力题时，最好能在稿纸上写写画画。用连线、列表或画图的办法，把已知的情况先写出来，然后逐步推理出其他情况，把推理出的情况也写上去。这样会看得很清楚，做题的速度会很快。

1 三对夫妇和孩子

有三户人家，每家一对夫妻、一个孩子。三个丈夫是周伟、朱荣和冯军，三个妻子是吴珍、袁倩和冯丽，三个孩子是男孩磊磊、女孩玲玲和萍萍。

现在已知：

（1）周伟的孩子和袁倩的孩子是闺蜜。

（2）朱荣的女儿不是萍萍。

（3）冯军是冯丽的哥哥。

请问，哪三个人是一家？

———— 解　答 ————

由（1）知，周伟和袁倩不是夫妻，且他们两家的孩子都是女儿。

由（2）知，朱荣的孩子是女孩玲玲。

由（1）知，袁倩的孩子也是女儿，她与周伟不是一家，那么，她就与朱荣是一家。至此，能确定朱荣、袁倩、玲玲是一家人。

由（3）知，冯军和冯丽不是夫妻。由于朱荣与袁倩是夫妻，因此，冯军只能与吴珍是夫妻，冯丽只能与周伟是夫妻。由（1）知，周伟的孩子是女儿，而两个女孩中已有玲玲确定了是朱荣与袁倩的孩子，因此，周伟和冯丽的孩子就是萍萍。那么，另一个男孩磊磊就是冯军与吴珍的孩子。

所以，三家人分别是：周伟、冯丽、萍萍是一家，朱荣、袁倩、玲玲是一家，冯军、吴珍、磊磊是一家。

2　各人的职业

有五个人，他们的姓名分别是：金鑫、木森、水淼、火焱和土垚，他们的职业分别是：教师、理发师、经理、工程师和工匠。现在知道：

（1）教师不是水淼，也不是火焱。

（2）工程师不是火焱，也不是金鑫。

（3）水淼和土垚住在同一栋公寓，隔壁是工匠的家。

（4）水淼娶理发师的女儿时，木森是他们的媒人。

（5）金鑫和水淼有空时，就和经理、教师打牌。

（6）每隔半个月，火焱和土垚会找理发师刮胡子。

（7）工匠一直是自己刮胡子。

请根据以上提示，推理出这五个人的职业各是什么。

———— 解　答 ————

为帮助推理，我们先画一个表，如表12-1所示。之后，根据各种条件逐步推理出新的情况，填到表中。

表12-1　推理各人职业用的表

职业	金鑫	木森	水淼	火焱	土垚
教师					
理发师					
经理					
工程师					
工匠					

推理时，能排除的情况，画上"×"；能确定的情况，画上"√"。为了看得更清晰，我们把每一步新推理出的情况所在的方格用灰色标记出来。

下面，我们进行逐步推理。

第一步：根据（1），可推出两个情况，如表12-2所示。

表12-2　第一步推理出的情况

职业	金鑫	木森	水淼	火焱	土垚
教师			×	×	
理发师					
经理					
工程师					
工匠					

第二步：根据（2），可推出两个情况，如表12-3所示。

表12-3　第二步推理出的情况

职业	金鑫	木森	水淼	火焱	土垚
教师			×	×	
理发师					
经理					
工程师	×			×	
工匠					

第三步：根据（3），可推出两个情况，如表12-4所示。

表12-4　第三步推理出的情况

职业	金鑫	木森	水淼	火焱	土垚
教师			×	×	
理发师					
经理					
工程师	×			×	
工匠			×		×

第四步：根据（4），可推出两个情况，如表12-5所示。

表12-5　第四步推理出的情况

职业	金鑫	木森	水淼	火焱	土垚
教师			×	×	
理发师		×	×		
经理					
工程师	×			×	
工匠			×		×

第五步：根据（5），可推出三个情况，如表12-6所示。

表12-6　第五步推理出的情况

职业	金鑫	木森	水淼	火焱	土垚
教师	×		×		
理发师		×	×		
经理	×		×		
工程师	×			×	
工匠			×		×

第六步：根据（6），可推出两个情况，如表12-7所示。

表12-7　第六步推理出的情况

职业	金鑫	木森	水淼	火焱	土垚
教师	×		×	×	
理发师		×	×	×	×
经理	×		×		
工程师	×			×	
工匠			×		×

第七步：根据（6）和（7），可推出火焱和土垚不是工匠，如表12-8所示。

表12-8　第七步推理出的情况

职业	金鑫	木森	水淼	火焱	土垚
教师	×		×	×	
理发师		×	×	×	×
经理	×		×		
工程师	×			×	
工匠			×	×	×

第八步：现在，从表12-8可推出三个结论。一是，水淼是工程师，并由此可以推出木森、土垚不是工程师。二是，火焱是经理，并由此可以推出木森、土垚不是经理。三是，理发师是金鑫，并由此可以推出金鑫不是工匠。如表12-9所示。

表12-9　第八步推理出的情况

职业	金鑫	木森	水淼	火焱	土垚
教师	×		×	×	
理发师	√	×	×	×	×
经理	×	×	×	√	×
工程师	×	×	√	×	×
工匠	×		×	×	×

第九步：现在，从表12-9可以推出土垚是教师，并由此可以推出木森不是教师。如表12-10所示。

表12-10　第九步推理出的情况

职业	金鑫	木森	水淼	火焱	土垚
教师	×	×	×	×	√
理发师	√	×	×	×	×
经理	×	×	×	√	×
工程师	×	×	√	×	×
工匠	×		×	×	×

第十步：最后，可以推出，木森是工匠。如表12-11所示。

表12-11　第十步推理出的情况

职业	金鑫	木森	水淼	火焱	土垚
教师	×	×	×	×	√
理发师	√	×	×	×	×
经理	×	×	×	√	×
工程师	×	×	√	×	×
工匠	×	√	×	×	×

这时，所有的情况都推理出来了，这五个人的职业分别是：金鑫是理发师，木森是工匠，水淼是工程师，火焱是经理，土垚是教师。

3 四个外国人

大山、大海、大川、大江是四个来中国旅游的外国游客，他们分别来自俄国、德国、法国和英国，除本国语言外，他们还各自掌握了其他三国语言中的一种，但是没有一种语言是四个人都会的。后来发现，他们四个人可以进行交谈。现在知道：

（1）四个人中，没有人既会德语，又会英语。

（2）大江会英语，大川不会英语，他们能交谈。

（3）大山不会法语，大海与大江交谈时，大山能为他们翻译。

（4）四人中，有三个人会用同一种语言交谈，但大山、大海、大川不会同一种语言。

请问，他们都各自会哪两种语言？

———————————— 解　　答 ————————————

为方便推理，我们把四个人的名字和四种语言画一个表，如表12-12所示。然后根据情况进行填充。

表12-12　推理四个外国人会哪两种语言用的表

外国人	俄语	德语	法语	英语
大山				
大海				
大川				
大江				

第一步：根据（2）（1）（3），可直接推出四个情况。如表12-13所示。

表12-13　第一步推理出的情况

外国人	俄语	德语	法语	英语
大山			×	
大海				
大川				×
大江		×		会

第二步：（3）说"大海与大江交谈时，大山能为他们翻译"，说明大海不能与大江直接交谈，大海不会英语。

大江不会德语，那说明大海会德语。因为大海会两种语言，如果他不会德语，那必然会俄语和法语；而大江不会德语，这样，他除英语以外，还必然会俄语或法语，那他们就能直接交谈了，所以，大海会德语。如表12-14所示。

表12-14　第二步推理出的情况

外国人	俄语	德语	法语	英语
大山			×	
大海		会		×
大川				×
大江		×		会

　　第三步：（4）说"四人中，有三个人会用同一种语言，但大山、大海、大川不能用同一种语言交谈。"三人会用同一种语言有三种可能，一是大山、大海和大江，二是大山、大川和大江，三是大海、大川和大江。根据（3），大江不能直接与大海交谈，因此，三个人会用同一种语言的，必定是第二种情况，即大山、大川和大江会用同一种语言。现在已知大山不会法语，大川不会英语，大江不会德语，因此，他们会用的同一种语言只能是俄语。

　　"大山、大海、大川不能用同一种语言交谈"，说明大海不会俄语。由于大海也不会英语，因此，他会的另一门语言就只能是法语。

　　大江会俄语和英语，就不会法语。如表12-15所示。

表12-15　第三步推理出的情况

外国人	俄语	德语	法语	英语
大山	会		×	
大海	×	会	会	×
大川	会			×
大江	会	×	×	会

　　第四步：（3）说"大海与大江交谈时，大山能为他们翻译"，大海会德语和法语，大山不会法语，那他必定会德语。大山会俄语和德语，就不会英语。如表12-16所示。

表12-16　第四步推理出的情况

外国人	俄语	德语	法语	英语
大山	会	会	×	×
大海	×	会	会	×
大川	会			×
大江	会	×	×	会

第五步：（4）说"大山、大海、大川不能用同一种语言交谈。"大山和大海都会德语，那大川就不会德语。大川不会德语和英语，那他肯定会法语。如表12-17所示。

表12-17　第五步推理出的情况

外国人	俄语	德语	法语	英语
大山	会	会	×	×
大海	×	会	会	×
大川	会	×	会	×
大江	会	×	×	会

这样，就把这四个人所会的语言全部推理出来了：大山会俄语和德语，大海会德语和法语，大川会俄语和法语，大江会俄语和英语。

4　百米比赛的名次

在学校运动会上，赵、钱、孙、李、周、吴、郑、王8位不同姓氏的同学参加了一场百米比赛，争夺名次。现在已知：

（1）郑是第4名。

（2）赵比孙跑得快。

（3）钱、孙、李三人中，钱最快，李最慢，但李不是第8名。

（4）吴比周高4个名次。

（5）吴的名次为赵、孙名次的平均数。

请你排出他们的名次。

---- **解　答** ----

为方便推理，先列出一个名次表，如表12-18，然后把能确定的名次填进去。

表12-18　推理百米比赛名次用的表

1	2	3	4	5	6	7	8

由（1）知，郑是第4名。如表12-19所示。

表12-19　郑的名次填入后的情况

1	2	3	4	5	6	7	8
			郑				

由（2）和（5）知，赵、吴、孙的名次可设为：x、$x+n$、$x+2n$，在1~8名中，这样的情况有12种可能。但要排除两种情况，一是，由（1）知，郑已确定是第4名，因此，x、$x+n$、$x+2n$三个数中，不可有4；二是，由（4）知，吴的名次不可以大于4，因为吴比周高4个名次，周最差为第8名，吴最差为第4名。所以，赵、吴、孙的名次只可能有两种：

一是1、2、3；

二是1、3、5。

又由（3）知，钱的名次比孙高，因此，赵、吴、孙的名次不可能是1、2、3名。那么，赵、吴、孙只能是1、3、5。如表12-20所示。

表12-20　赵、吴、孙的名次填入后的情况

1	2	3	4	5	6	7	8
赵		吴	郑	孙			

由（3）知，钱为第2名。

由（4）知，周为第7名。如表12-21所示。

表12-21　钱、周的名次填入后的情况

1	2	3	4	5	6	7	8
赵	钱	吴	郑	孙		周	

由（3）知，李是第6名。

还有最后一个名次，那就是王。

所以，全部名次就如表12-22所示。

表12-22 李、王的名次填入后的情况

1	2	3	4	5	6	7	8
赵	钱	吴	郑	孙	李	周	王

5 急诊科的医护人员

某医院急诊科共有16名医护人员，已知：

（1）医生少于护士。

（2）女护士少于男护士。

（3）男护士少于男医生。

（4）至少有一名女医生。

请问急诊科的男女医生和护士各有多少人？

——————— 解　　答 ———————

由（1）可推出，护士至少有9名，医生最多有7名。

由（2）可推出，男护士至少有5名。

由（4）可推出，男医生最多有6名。

由（3）可推出，男护士不到6名。

由于男护士至少有5名，不到6名，因此，男护士只可能是5名。

男护士是5名，再由（3）可推出，男医生至少是6名。但前面已推出男医生最多有6名，因此，男医生只能是6名。

医生最多有7名，男医生有6名，那么，女医生就有1名。

医生有7名，护士就有9名，而男护士有5名，那么，女护士就有4名。

所以，急诊科的医生有7名，其中男医生6名，女医生1名；护士有9名，其中男护士5名，女护士4名。

第二节　根据条件揭开真相

推理类的题目还有一种类型是，根据给出的一些相关条件，揭示出最终的真相。本节就是这类题目中的一些典型题目。

本节的题目和上节的题目都是推理出事实上的情况，但侧重点不同。上节的题目侧重于根据提示的部分情况，推理出未知的详细情况；本节的题目侧重于根据情况的一些条件，推理出真正的情况。

1　手提箱的密码

手提箱的小锁上有三位数的密码，关于这个密码，有以下判断：

（1）718，一个数字正确，而且位数也正确。

（2）129，一个数字正确，但是位数不正确。

（3）745，一个数字正确，但是位数不正确。

（4）897，两个数字正确，但是位数都不正确。

（5）261，三个数字都不正确。

请根据以上判断推理出密码是多少。

───────────　解　　答　───────────

根据（2）和（5），密码中肯定有9，但不在第三位。因为（5）说261都不正确，那么（2）说的129三个数字中，1和2都不正确，就只剩下9正确了。

根据（4），有两个数字正确，其中肯定包括9，但（4）说两个数字的位数都不正确，因此，9也不在第二位。前面已判断9不在第三位，这样，9只能在第一位。

根据（1），正确的数字位数也正确，因此，7肯定不正确，因为已判断出来9在第一位了。根据（5），1也不正确。那么，正确的数字就只有8了，而且是第三位。这样，密码就是9x8。

根据（3），正确的数字应该是5，位数在中间。因为，前面已经推理出（1）中的718只有8正确，7和1不是正确的数字，所以，（3）中的7不是正确的数字。正确的数字是4和5中的一个，现在缺的是中间的数字，4在745的中间，（3）说正确的数字位数不正确，因此，不可能是中间的4。这样，正确的数字只可能是第三位的5，它的位置应该在密码的第二位。

所以，密码是958。

2 三位美女的特征

菁菁、莲莲和莉莉是三位美女，她们中：

（1）恰好有两位是白皮肤、有两位是瘦高个、有两位是瓜子脸、有两位是大眼睛。

（2）每人最多有白皮肤、瘦高个、瓜子脸、大眼睛等四个特征中的三个。

（3）对于菁菁来说：如果是白皮肤，那么也是大眼睛。

（4）对于菁菁和莉莉来说：如果是大眼睛，那么也是瓜子脸。

（5）对于莉莉和莲莲来说：如果是瘦高个，那么也是瓜子脸。

请问三位美女各自的特征。

———————————— 解　　答 ————————————

为帮助推理，我们先画一个表，如表12-23所示。之后，根据各种条件逐步推理出新情况，填到表中。相符的情况，填"●"；不符的情况，填"○"。

表12-23　推理美女特征用的表

美女	白皮肤	瘦高个	瓜子脸	大眼睛
菁菁				
莉莉				
莲莲				

在题目后三个条件中，菁菁有两处，莉莉有两处，因此，先看菁菁和莉莉的情况，后看莲莲的情况。

先看菁菁的情况：

如果菁菁是白皮肤，或者是大眼睛，那么，根据（3）和（4），她是瓜子脸。

如果菁菁既不是白皮肤，也不是大眼睛，那么，根据（1）和（2），莲莲和莉莉必然是白皮肤和大眼睛。假设菁菁不是瓜子脸，那么，莲莲和莉莉就是瓜子脸。这样，莲莲和莉莉已经有了白皮肤、大眼睛和瓜子脸三个特征，因此，她们不会是瘦高个。这与（1）所说的有两位美女是瘦高个矛盾，所以，假设不成立。在菁菁既不是白皮肤，也不是大眼睛的情况下，她必然是瓜子脸。

现在，能确定菁菁是瓜子脸。如表12-24所示。

表12-24　填入菁菁是瓜子脸的特征

美女	白皮肤	瘦高个	瓜子脸	大眼睛
菁菁			●	
莉莉				
莲莲				

再看莉莉的情况：

如果莉莉是大眼睛，或者瘦高个，那么，根据（4）和（5），她是瓜子脸。

如果莉莉既不是大眼睛，也不是瘦高个，那么，根据（1）和（2），菁菁和莲莲必然是瘦高个和大眼睛。假设莉莉不是瓜子脸，那么，菁菁和莲莲就是瓜子脸。这样，菁菁和莲莲已经有了瘦高个、大眼睛和瓜子脸三个特征，因此，她们不会是白皮肤。这与（1）所说的有两位美女是白皮肤矛盾，所以，假设不成立。在莉莉既不是大眼睛，也不是瘦高个的情况下，她必然是瓜子脸。

现在，能确定莉莉是瓜子脸。如表12-25所示。

表12-25　填入莉莉是瓜子脸的特征

美女	白皮肤	瘦高个	瓜子脸	大眼睛
菁菁			●	
莉莉			●	
莲莲				

根据（1），只有两位瓜子脸，由于菁菁和莉莉是瓜子脸，那么，莲莲肯定不是瓜子脸。根据（5），莲莲也不会是瘦高个。如表12-26所示。

表12-26　填入莲莲不是瓜子脸和瘦高个的特征

美女	白皮肤	瘦高个	瓜子脸	大眼睛
菁菁			●	
莉莉			●	
莲莲		○	○	

根据（1），由于莲莲不是瘦高个，因此，菁菁和莉莉是瘦高个。如表12-27所示。

表12-27　填入菁菁和莉莉是瘦高个的特征

美女	白皮肤	瘦高个	瓜子脸	大眼睛
菁菁		●	●	
莉莉		●	●	
莲莲		○	○	

根据（1），如果莲莲不是白皮肤，那么，菁菁和莉莉就是白皮肤，这样，大眼睛的两个美女必然至少有一个是菁菁或莉莉，但这与（2）说的每位美女最多有三个特征不相符，因此，莲莲必然是白皮肤。同样的道理，莲莲必然是大眼睛。如表12-28所示。

表12-28　填入莲莲是白皮肤和大眼睛的特征

美女	白皮肤	瘦高个	瓜子脸	大眼睛
菁菁		●	●	
莉莉		●	●	
莲莲	●	○	○	●

根据（3），如果菁菁是白皮肤，那么她是大眼睛，这样，她就有四个特征，与（2）说的不相符，所以，菁菁不是白皮肤。如表12-29所示。

表12-29　填入菁菁不是白皮肤的特征

美女	白皮肤	瘦高个	瓜子脸	大眼睛
菁菁	○	●	●	
莉莉		●	●	
莲莲	●	○	○	●

根据（1），白皮肤的美女有两位，那么，莉莉必然是白皮肤。根据（2），每位美女的特征不多于三个，那么，莉莉不是大眼睛。如表12-30所示。

表12-30　填入莉莉是白皮肤、不是大眼睛的特征

美女	白皮肤	瘦高个	瓜子脸	大眼睛
菁菁	○	●	●	
莉莉	●	●	●	○
莲莲	●	○	○	●

根据（1），有两位美女是大眼睛，那么，菁菁是大眼睛。如表12-31所示。

表12-31　填入菁菁是大眼睛的特征

美女	白皮肤	瘦高个	瓜子脸	大眼睛
菁菁	○	●	●	●
莉莉	●	●	●	○
莲莲	●	○	○	●

所以，三位美女各自的特征就是：菁菁是瘦高个、瓜子脸和大眼睛；莉莉是白皮肤、瘦高个和瓜子脸；莲莲是白皮肤和大眼睛。

3 拿错的照片

A、B、C、D、E五位同学一起去照相馆照各自的单人毕业照。照相馆在洗完五个人的照片后，分别装入了五个照片袋中，但在照片袋上标记错了名字，导致五个人拿到的照片都不是自己的。现在已知：

（1）A拿到的照片不是B、E的。

（2）B拿到的照片不是A、D的。

（3）C拿到的照片不是A、E的。

（4）D拿到的照片不是A、C的。

（5）E拿到的照片不是B、C的。

而且，没有两个人互相拿错照片。

根据这些情况，判断一下各人都拿了谁的照片？

──────────── 解　　答 ────────────

为帮助推理，我们先画一个表，如表12-32所示。之后，根据各种条件逐步推理出新情况，填到表中。

表12-32　推理拿照片情况用的表

照片	A	B	C	D	E
A拿的照片					
B拿的照片					
C拿的照片					
D拿的照片					
E拿的照片					

先把已知的（1）至（5）情况填入表中。如表12-33所示。

表12-33　填入已知的情况

照片	A	B	C	D	E
A拿的照片	否	否			否
B拿的照片	否	否		否	
C拿的照片	否		否		否
D拿的照片	否		否	否	
E拿的照片		否	否		否

在表12-33的基础上，再进行推理。

A的照片不是A、B、C、D拿的，就只能是E拿的。E拿了A的照片，也就没有拿D的照片。把这个结论填入表12-34中。

表12-34　填入E拿了A的照片、未拿D的照片

照片	A	B	C	D	E
A拿的照片	否	否			否
B拿的照片	否	否		否	
C拿的照片	否		否		否
D拿的照片	否		否	否	
E拿的照片	是	否	否	否	否

A、B、C、D拿到的照片都有两种可能，因此，要通过假设进行判断。

假设D拿了E的照片，那么，D就没有拿B的照片，B就没有拿E的照片。把这两个结论填入表后，可以推出，B的照片是C拿的，C的照片是B拿的。如表12-35所示。

表12-35　假设D拿了E的照片

照片	A	B	C	D	E
A拿的照片	否	否			否
B拿的照片	否	否	推出是	否	推出否
C拿的照片	否	推出是	否		否
D拿的照片	否	推出否	否	否	假设是
E拿的照片	是	否	否	否	否

但这样，就出现了B和C二人互相拿错的情况，因此假设不成立，即D没有拿

E的照片。

D没有拿E的照片，那就拿了B的。把这两个结论填入表后，可以看出：C没有拿B的照片，E的照片是B拿的。再把这两个结论填入表后，可以看出：B没有拿C的照片，C的照片是A拿的。再把这两个结论填入表后，可以看出：A没有拿D的照片，D的照片是C拿的。全部情况如表12-36所示。

表12-36　五人拿错照片的全部情况

照片	A	B	C	D	E
A拿的照片	否	否	是	否	否
B拿的照片	否	否	否	否	是
C拿的照片	否	否	否	是	否
D拿的照片	否	是	否	否	否
E拿的照片	是	否	否	否	否

所以，这五个人拿错照片的情况就是：A拿了C的、B拿了E的、C拿了D的、D拿了B的、E拿了A的。

第三节　根据前提推断结论

任何事情的发生都需要一定的条件。本节的题目就是在设定的前提条件下，对会不会发生某件事情进行推理，得出结论。

1 头发的数量

有一座小城，城里的人口数量比城里任何一个人的头发根数都要多，并且城里没有光头，那么，是否可以得出这一结论：小城至少有两个人的头发根数一样多？

———————————————— 解　答 ————————————————

假设没有头发根数相同的人，那么，我们可以把所有人按其头发根数由少到多排列：第一个人的头发数量不少于1根，第二个人的头发数量不少于2根，第三个人的头发数量不少于3根……以此类推，最后一个人的头发数量最多，不少于城市的人口数量。但题目中说人口数量比城里任何一个人的头发都要多，这互相矛盾，所以，假设不成立。由此可得出结论：小城至少有两个人的头发根数一样多。

2 握手的次数

有一对夫妇，他们邀请了其他49对夫妇来参加聚会。在聚会上，每个人都和所有自己不认识的人握了一次手。聚会结束的时候，男主人问其余所有人，包括自己的妻子，各自都握了多少次手，结果，得到的答案全都不一样。每个人肯定都认识自己的配偶。请问，男女主人各自握了多少次手？

────────────── 解　答 ──────────────

除男主人外，其他99个人握手的次数只可能在0到98之间，而99个人的回答都不一样，那就是说，他们握手的次数就是0到98这99个数。

这99个人中，握手次数是0的人，肯定和握手次数是98的人是夫妻。因为，握手次数是98的人，除了自己和配偶，他和所有人都握了手。他们要不是夫妻，那肯定会握手，那样的话，前者的握手次数就不可能是0了。

这99个人中，握手次数是1的人，肯定和握手次数是97的人是夫妻。因为，握手次数是1的人，只和握手次数是98的人握过手，而握手次数是97的人，除了自己和配偶，他只和握手次数是0的人没有握过手。他们要不是夫妻，那肯定会握手，那样的话，前者的握手次数就不可能是1了。

这99个人中，握手次数是2的人，肯定和握手次数是96的人是夫妻。因为，握手次数是2的人，只和握手次数是98和97的人握过手，而握手次数是96的人，除了自己和配偶，他只和握手次数是0和1的人没有握过手。他们要不是夫妻，那肯定会握手，那样的话，前者的握手次数就不可能是2了。

以此类推，这99个人中，握手次数是n的人，肯定和握手次数是$98-n$的人是夫妻。n最大是48，握手次数是48的人，肯定和握手次数是50的人是夫妻。

所以，除女主人外，其他49对夫妇的握手数次都已确定，那女主人的握手次数就只能是49了。上面推理每对夫妻的握手情况时，握手次数少的人都没有与男主人握过手，握手次数多的人都与男主人握过手，即这49对夫妇都只有一个人与男主人握过手，那么，男主人握手的次数也就是49。

顺便说一下，包括主人在内的所有50对夫妇，每对夫妇的握手次数之和都是98，但只有主人夫妇的握手次数是相同的。

3 名酒竞猜

某酒厂举办酒会，把10种名酒倒在10个相同的瓶子里，分别标上1~10的序号，请参与者品尝后回答这些酒的品牌。表12-37是四位参与者回答的情况。前三位回答正确的数量已经在表中标出来了。请问，第四位回答正确的数量是多少？

表12-37 四位参与者品酒的情况

姓名	1	2	3	4	5	6	7	8	9	10	正确数
甲	I	C	F	D	E	G	J	B	A	H	7
乙	I	J	F	C	E	B	H	A	G	D	6
丙	F	C	E	D	I	B	J	A	G	H	7
丁	I	C	F	G	E	B	J	A	D	H	?

──────── 解　答 ────────

甲和丙的得分相同，他们的答案中，相同的品牌有4个：2、4、7、10，不同的品牌有6个：1、3、5、6、8、9。回答的品牌相同，说明他们在这个瓶子上的判断要么同正确，要么同错误；回答的品牌不同，说明他们或者一个人判断正确一个人判断错误或者两个人都判断错误。他们有4个答案相同，6个答案不同，两人都判断正确了7个，那说明4个相同的答案都是正确的，否则，只要有1个瓶子判断错误，就不可能两人都判断正确7个。因为，假设两人在这4个瓶子上判断正确了3个，那么，另6个瓶子二人必须都判断正确4个，但2人答案不同，假如一个人判断正确了4个，另一个人顶多只能判断正确2个，无法满足二人都得7分的要求。所以，甲和丙判断的结果就是，4个相同的答案都正确，另6个不同的答案，每人各判断正确了3个。

甲和丙判断的结果中，4个相同的答案都是正确的，即2是C，4是D，7是J，10是H。乙在这4个答案上，与甲、丙判断得都不相同，因此，乙这4个答案都判断错了。而乙能得6分，说明他判断的1、3、5、6、8、9瓶都是正确的。

所以，酒瓶序号与其对应的品牌就应该如表12-38所示。

表12-38　酒瓶序号与其对应的名酒

1	2	3	4	5	6	7	8	9	10
I	C	F	D	E	B	J	A	G	H

对比一下丁判断的结果，1、2、3、5、6、7、8、10瓶判断的是正确的，4、9瓶判断的是错误的，所以，丁回答正确了8种酒。

第十三章　真言假语

学习逻辑学可以帮助人们明是非、辨真假。传统经典的逻辑推理题中，有一类是专门辨别真假的题目。本章就专门研究真话、假话，或正确的话、错误的话这一类智力题。

第一节　以真假话推实情

一些逻辑推理题是这样的，说一定的事情时，有的人会说真话，有的人会说假话。虽然题目不会直接告诉你事情的真实情况，但可以通过说话内容，推断出事情的本来面目。

1 三人钓鱼

甲、乙、丙三人在河边钓鱼，一共钓到了四条鱼。

甲说："我钓了一条鱼。"

乙说："我钓了两条鱼。"

丙说："我钓了三条鱼。"

显然有人说谎了。

甲说："丙说谎了。"

乙说："甲和丙都说谎了。"

丙说："乙说谎了。"

现在知道，这三人各自说的两句话，要么全是真话，要么全是假话。请问，甲、乙、丙各钓了几条鱼？

——————————— 解　答 ———————————

假设甲说真话，那说明丙说谎了。由丙说的是谎话推出他说的话"乙说谎了"是假话，这说明乙说了真话。

由乙说真话推出他说的话"甲和丙都说谎了"是真话，这与假设前提"甲说真话"矛盾。所以，甲说的是谎话。

甲说的是谎话，那他说的"丙说谎了"就是假话。这说明丙说的是真话。也就是说，丙说的"我钓了三条鱼"和"乙说谎了"是真话。

一共钓了四条鱼，现在推理出丙钓了三条，那说明甲和乙中只有一人钓了一条鱼。因为甲说谎了，所以他说的"我钓了一条鱼"是假话。因为他不可能钓两条鱼或更多，所以，他一条也没有钓到。由此推出，乙钓了一条鱼。

所以，甲没有钓到鱼，乙钓了一条鱼，丙钓了三条鱼。

2　聪明的女孩

逻辑学教授得知儿子谈了一个学逻辑学的女朋友，就和夫人商量考察一下女孩的知识。见面时，教授对女孩说，我们给你准备了一份见面礼，现在有两个盒子，见面礼就放在其中一个盒子里，请你根据盒子上的话，猜一下见面礼在哪个盒子里。

女孩看到，左边的盒子上写的是"右边盒子上的话是真的，见面礼在这个盒子里"，右边的盒子上写的是"左边盒子上的话是假的，见面礼在那个盒子里"。

请问，见面礼到底在哪个盒子里？

——————————— 解　答 ———————————

先假设左边盒子上的话是真的，那么，见面礼就在左边的盒子里。但左边盒子上前半句话是"右边盒子上的话是真的"，而右边盒子上写有"左边盒子上的话是假的"，这与假设矛盾。因此，左边盒子上的话不真。

左边盒子上的话不真，有三种可能，一是前半句假，后半句真；二是前半句真，后半句假；三是前后半句都假。

先看第一种可能。左边盒子的前半句假，那么，右边盒子上的话就是假话，右边盒子上的话也有前半句和后半句，至少有半句是假话。右边盒子上的前半句话是"左边盒子上的话是假的"，这是真话，那么，后半句话"见面礼在那个盒子里"必定是假话，那就说明见面礼在右边的盒子里。左边盒子的后半句真，说明见面礼在左边的盒子里。这出现了矛盾，说明假设错误。

再看第二种可能。左边盒子的前半句真，那么，右边盒子上的话就是真话，根据右边盒子的后半句话判断，见面礼在左边的盒子里。左边盒子的后半句假，说明见面礼在右边的盒子里。这出现了矛盾，说明假设错误。

所以，左边盒子上的话全是假话。

左边盒子上的前半句是假话，那么，右边盒子上的话就是假话，即至少有半句是假话。已经确定右边盒子上的前半句话是"左边盒子上的话是假的"，是真话，那么，后半句话"见面礼在那个盒子里"必定是假话，那说明见面礼在右边的盒子里。左边盒子上的后半句话是假话，那说明见面礼在右边的盒子里。这不矛盾。

所以，见面礼在右边的盒子里。

3 两个外语单词的意思

旅行家来到了一个岛国。这个国家的人中，有的人一直说真话，有的人一直说假话。旅行家见到了三个人，就问他们谁是诚实的人，谁是说谎的人。

甲说："乙是哼哼哼。"

乙说："丙是哼哼哼。"

丙说："甲是哈哈哈。"

"哼哼哼"和"哈哈哈"是单词"诚实的人"和"说谎的人"的发音，但不知道哪个发音和哪个意思对应。

请你根据这三个人说的话，判断一下"哼哼哼"和"哈哈哈"哪个是"诚实的人"的意思，哪个是"说谎的人"的意思。

───────────── 解　答 ─────────────

两个诚实的人或两个说谎的人，一个说另一个的时候，必定都会说"他是诚实的人"；一个诚实的人和一个说谎的人，一个说另一个的时候，必定都会说"他是说谎的人"。根据这一结论，我们进行一下假设与推理。

假设"哼哼哼"是"诚实的人"，"哈哈哈"是"说谎的人"，那么，根据这三个人说的话能推断出：甲和乙相同，乙和丙相同，丙和甲不同，这出现了矛盾。

假设"哼哼哼"是"说谎的人"，"哈哈哈"是"诚实的人"，那么，根据这三个人说的话能推断出：甲和乙不同，乙和丙不同，丙和甲相同，这没有矛盾。

所以，"哼哼哼"是"说谎的人"，"哈哈哈"是"诚实的人"。

第二节　按人分类说真假

在有关真假话的智力题中，有一类智力题是，给出一定的分类方法，某种人或某种情况下，话是真的；某种人或某种情况下，话是假的。据此进行推理，看谁讲了真话，谁讲了假话，推理出题目要求的结论。

关于说真假话的分类方法有很多，主要有这么几种：一是，一些人总是说真话或假话；二是，在不同的时间说真话或假话；三是，什么样或干什么的人说真话或假话；四是，在一定位置的人说真话或假话；五是，一些群体的人说真话或假话；六是，对不同的人群说真话或假话；七是，话中各有一半真话和假话；八是，有的说真话，有的说假话，有的可能说真话也可能说假话；九是，有的必定说真话或假话，有的不一定。

1　儿子的家境

一位老人有五个儿子，五个儿子成家后，有的儿子家境富裕，有的儿子家境贫穷。五个儿子对他们的家境情况各说了一句话。

老大说："老三说过，'我的四个兄弟中，只有一个富裕。'"

老二说："老五说过，'我的四个兄弟中，只有两个富裕。'"

老三说："老四说过，'我们兄弟五个都贫穷。'"

老四说："老大和老二都富裕。"

老五说："老三富裕，另外老大说过他自己富裕的话。"

现在已知，富裕的儿子说谎话，贫穷的儿子说真话。

请问，在这五个儿子中，哪些人富裕，哪些人贫穷？

―――――――――――――― 解　答 ――――――――――――――

富裕的人说假话，不会说自己富裕；贫穷的人说真话，也不会说自己富裕，因此，所有人都不会说自己富裕。老五说的话中有"老大说过他自己富裕的话"，那么，老五说的肯定是假话，这样，就能推断出老五富裕。

老五说的是假话，他说"老三富裕"就是假的，那老三就贫穷。

老三贫穷，那他的"老四说过，'我们兄弟五个都贫穷'"就是真话，这说明老四真的说过"我们兄弟五个都贫穷"。但现在已经推出老五不贫穷，因此，老四说的是假话，那么，老四就富裕。

老大说"老三说过，'我的四个兄弟中，只有一个富裕'"，但已推出老四和老五富裕，因此，老三不可能说这话。那么，老大就说了假话，他富裕。

老四富裕，他说的"老大和老二都富裕"就是假话，真实的情况应该是老大和老二至少有一个人贫穷。已推出老大富裕，那么，老二肯定贫穷。

这样就把兄弟五人全部的家境都推断出来了：老大、老四、老五富裕，老二、老三贫穷。

再看一下老二说的话是否与答案矛盾。老二贫穷，那他说的"老五说过，'我的四个兄弟中，只有两个富裕'"就是真话，这说明老五真的说过"我的四个兄弟中，只有两个富裕"。老五说的是假话，与真实情况不矛盾。

② 四名小学生的年龄

甲、乙、丙、丁四名小学生的年龄分别是6、7、8、9岁。对他们的年龄情况，两名学生各说了一句话。

甲说："乙8岁了。"

丙说："甲不是6岁。"

这两句话，如果说话人说的是年龄比他小的同学，那他说的就是真话；如果说的是年龄比他大的同学，那他说的就是假话。

请问，这四名同学的年龄分别是多大？

———————————— 解　答 ————————————

假设丙说的是假话，那么，丙比甲小。根据丙的说话内容推断，甲是6岁，年龄最小，那丙不可能比甲的年龄小，所以，假设不正确，丙说的是真话。由丙说的真话可以推理出：丙比甲的年龄大，甲不是6岁。

假设甲说的是真话，那么，甲比乙大。根据甲的说话内容推断出，乙是8岁。甲比乙大，那么，甲就是9岁，年龄最大。但前面已推断出丙比甲的年龄大，所以，假设不正确，甲说的是假话。由甲说的假话可以推理出：甲比乙小，乙不是8岁。

现在推断出甲比乙和丙都小，但不是最小的6岁，那他只能是次小的7岁。由于乙和丙都比甲大，因此，丁只能是最小的6岁。乙和丙比7岁大，是8岁和9岁。前面推断出乙不是8岁，那他只能是9岁。这样，丙就是8岁。

所以，这四名同学的年龄分别是：甲7岁，乙9岁，丙8岁，丁6岁。

3 旅游的城市

甲、乙、丙三个人都去过北京、上海和广州三个城市中的两个，而且他们三个人中，没有两个人去的城市完全相同。

甲说："乙去过广州。"

乙说："丙去过广州。"

丙说："我去过上海。"

这三个人说的话有真有假，去过A城市的人说的是假话，没有去过A城市的人说的是真话。

请问，A指的是哪个城市？三人各自去过哪里？

────────── 解　　答 ──────────

由于三个人去的城市皆不完全相同，因此，去过任意一个城市的人都是两个，没有去过任意一个城市的人都是一个。这样，说假话的人有两个，说真话的人有一个。

为方便推理，我们把这三人去的可能性列成表，然后对照他们说的话，看一下各人说的话是真是假，最后找出符合两人说假话、一人说真话的情况。

三人去的城市有六种可能，如表13-1所示。

表13-1　三人去三个城市的六种可能

可能情况	甲	乙	丙
第一种可能	北京、上海	北京、广州	上海、广州
第二种可能	北京、上海	上海、广州	北京、广州
第三种可能	北京、广州	北京、上海	上海、广州
第四种可能	北京、广州	上海、广州	北京、上海
第五种可能	上海、广州	北京、上海	北京、广州
第六种可能	上海、广州	北京、广州	北京、上海

在每一种可能的情况下，对照三人说的话，可以判断出他们说的话的真假。为了快速判断，不要按照表中的每一种可能逐一对照，可以根据各人说的话，凡其内容与表中相符的，就标出真话，剩下的就都是假话。

甲说："乙去过广州。"因此，凡乙那一列有广州的，甲说的都是真话。乙说："丙去过广州。"因此，凡丙那一列有广州的，乙说的都是真话。丙说："我去过上海。"因此，凡丙那一列有上海的，丙说的都是真话。如表13-2所示。

表13-2　三人说真话的情况

可能情况	甲	乙	丙
第一种可能	真话	真话	真话
第二种可能	真话	真话	
第三种可能		真话	真话
第四种可能	真话		真话
第五种可能		真话	
第六种可能	真话		真话

表13-2中，只有第五种情况是一人说了真话，两人说了假话，符合题意。因此，第五种情况就是这三人去的情况。第五种情况下，乙说的是真话，他去的是北京和上海，没有去广州，那么，A指的就是广州。

所以，A指的是广州。甲去过上海和广州，乙去过北京和上海，丙去过北京和广州。

4　三位美女

有三位美女，她们分别叫婷婷、娟娟、娜娜。其中两位是机器人，一位是真人。机器人中，一位从不说假话，一位从不说真话。真人有时说真话，有时说假话。

婷婷说："娜娜是机器人。"

娟娟说："娜娜是机器人。"

请问，娜娜到底是机器人还是真人？如果是机器人，是说真话的机器人，还是说假话的机器人？

――――――― 解　　答 ―――――――

由于婷婷和娟娟说的话完全相同，因此，要么同真，要么同假。

如果同真，那么，她们一个是说真话的机器人，另一个是真人。根据说话内容，可以推出娜娜是说假话的机器人。这与题意不矛盾。

如果同假，那么，她们一个是说假话的机器人，另一个是真人。根据说话内容，可以推出娜娜是真人。这样就有一个机器人和两个真人了，与题意矛盾。

所以，娜娜是说假话的机器人。

5 四家人的住址

有甲、乙、丙、丁四户人家，分别住在同一栋单元楼的一层东户、一层西户、二层东户、二层西户。

甲说："我家不住在二层东户。"

乙说："丙家不住在二层西户。"

丙说："我家不住在一层东户。"

丁说："我家住在一层西户。"

住在一层的人说的肯定是假话；住在二层的人既有可能说真话，也有可能说假话。请问，这四家人分别住在哪里？

———————————— 解　答 ————————————

为方便推理，我们画个示意图，如图13-1所示。

二层西户	二层东户
一层西户	一层东户

图13-1

由于住在一层的人说的肯定是假话，因此，我们先从说自己家在哪里住的三个人的话出发进行分析。

假设甲住在一层，那么，他的话是假话，但他说的"我家不住在二层东户"是真话，出现矛盾，因此，甲不可能住在一层。

假设丙住在一层，那么，他的话是假话。他说"我家不住在一层东户"，那他家就在一层东户。假设丙住在二层，根据他说的话，可以判断出他说的是真话，不矛盾。因此，丙有可能住在一层东户或二层。

假设丁住在一层，那么，他的话是假话。他说"我家住在一层西户"，那他家就在一层东户。假设丁住在二层，那么，根据他说的话可以判断出他说的是假话，不矛盾。因此，丁有可能住在一层东户或二层。

现在推断出甲住在二层，丙和丁有可能住在一层东户或二层，所以，住在一层西户的只可能是乙。乙住在一层，他说的"丙家不住在二层西户"就是假话，那么，丙就住在二层西户。这样，甲就住在二层东户。而剩下的一层东户就是丁家。

所以，甲家住在二层东户，乙家住在一层西户，丙家住在二层西户，丁家住在一层东户，如图13-2所示。

丙 二层西户	甲 二层东户
乙 一层西户	丁 一层东户

图13-2

第三节　只有一句真或假

在关于真假话的逻辑推理题中，有一类题目是，所给的几句话中，只有一句是真话或只有一句是假话，需要由此进行推理，判断出结论。

这类智力题中，绝大多数题目问的是"是什么"，即定性问题；也有极少数题目问的是"是多少"，即定量问题。解定性问题的突破点是：要么找出有矛盾的句子，推出这些句子中，必有一真或一假，从而推断出其余句子必定为假或为真；要么找出不矛盾的句子，推出这些句子都为假或真，从而推断出其余句子必定有一真或一假。据此，再往下推理，直至推出答案。解定量问题有一个诀窍——把每个人的说话内容形象地画在数轴上，通过数轴上各条线点的重合情况，看出在什么范围内只有一个人说的话是正确的，这个数量范围就是题目问的数量。谁说的话在这个范围内，谁说的就是真话。

1　找照片

女孩为了考验男朋友的智力，把自己的照片放在了金、银、铜三个盒子中的一个里面。她在每个盒子上面都写了一句话，如图13-3所示。她告诉男朋友说，这三个盒子上面的话，只有一句是正确的。如果男朋友能猜到她的照片放在了哪个盒子里面，就算通过了智力考验。你知道照片在哪个盒子里面吗？

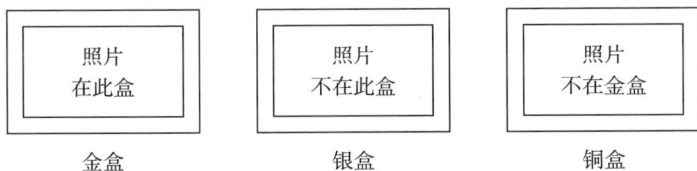

照片
在此盒

金盒

照片
不在此盒

银盒

照片
不在金盒

铜盒

图13-3

解 答

观察盒子上面的三句话，我们很容易发现，金盒和铜盒上面的话矛盾，必定是一真一假。这样，银盒上面的话就肯定是假。银盒上写着"照片不在此盒"，那么，照片就在银盒中。

2 四对夫妻

有四对夫妻，丈夫是陈伟、肖正、许强、李明，妻子是蒋琴、韩丽、蔡芳、吴静。一天，他们在公园聚会，有人问他们谁和谁是夫妻。

陈伟说："肖正的妻子不是蒋琴。"

肖正说："许强的妻子是吴静。"

许强说："李明的妻子不是蔡芳。"

现在知道，他们三个人中，只有吴静的丈夫说的是真话。请你把这四对夫妻的关系确定出来。

解 答

因为吴静的丈夫说的是真话，所以，我们就从说到吴静的句子开始分析。肖正说"许强的妻子是吴静。"假设他说的是真话，那么，许强就是吴静的丈夫，说真话。这样，不是吴静丈夫的肖正就应该说的是假话，出现了矛盾，假设不成立，所以，肖正说的是假话。

肖正说的是假话，根据他说的"许强的妻子是吴静"可以推理出，吴静的丈夫不是许强。那么，许强说的也是假话。许强说的"李明的妻子不是蔡芳"是假话，那么，真实的情况就是，李明的妻子是蔡芳。

肖正、许强说的都是假话，那只有陈伟说的是真话，所以，陈伟的妻子是吴静。

现在已确定，李明的妻子是蔡芳，陈伟的妻子是吴静。

陈伟说的"肖正的妻子不是蒋琴"是真话，那肖正的妻子只能是韩丽。

现在已有三对夫妻确定出来了，那么，未确定的许强和蒋琴就是夫妻。

所以，四对夫妻分别是：陈伟和吴静、肖正和韩丽、许强和蒋琴、李明和蔡芳。

3 没撒谎的老实人

有五兄弟，各说了一句话：

老大说："我们五人中，有一个人在撒谎。"

老二说："我们五人中，有两个人在撒谎。"

老三说："我们五人中，有三个人在撒谎。"

老四说："我们五人中，有四个人在撒谎。"

老五说："我们五个人全都在撒谎。"

由这五句话，你能判断出谁说了真话吗？

———————— 解　答 ————————

因为他们兄弟五人说话的内容互相矛盾，因此，只有一个人说了真话，其他四个人都说了谎话。这样，老四说的"我们五人中，有四个人在说谎"就是真话。

这道题虽然没有直接告诉我们"只有一个人说了真话"，但可以推出来，因此，也属于"只有一句真或假"一类的题目。

4 存款

老马在银行里有一笔存款，甲、乙、丙、丁四个人在猜测老马存款的数量。

甲说："老马有500元存款。"

乙说："老马至少有1000元存款。"

丙说："老马存款不到2000元。"

丁说："老马最少有100元存款。"

他们四个人中，只有一个人说对了。由此，请你推理出老马有多少存款。

解 答

我们用形象化的方法来分析这道题：假设老马有X元存款，那么，甲、乙、丙、丁四人的猜测分别为：$X=500$，$X\geq1000$，$X<2000$，$X\geq100$。我们把它们表示在数轴上，如图13-4所示。

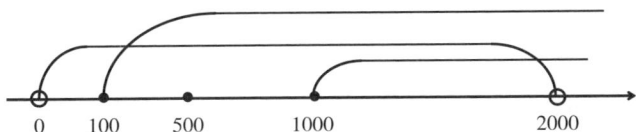

图13-4

当存款在100元以上时，至少有两个人的猜测是正确的；只有当存款在100元以内时，才只有一个人的话是正确的，很明显，这个人是丙。

所以，老马的存款不到100元。

第四节　巧妙利用真假话

人们需要了解实情时，往往会通过探查或询问获得答案。但是，如果知道实情的人在按照一定的规则说真话和假话，那么，试图了解实情的人就要巧妙利用真假话的规则，设计探查方案或询问内容，判断出实情。

1 取球

如图13-5所示，三个袋子中各装着两只球，其中一个袋子中装的是两只黑球，一个袋子中装的是两只白球，一个袋子中装的是一只黑球和一只白球。三个袋子上标记的内容都是错的。现在只允许你从其中一个袋子中取出一只小球，就要能判断出三个袋子中小球的颜色都是什么。请问，你应该从哪个袋子中取球？

图13-5

───── 解　答 ─────

假若从第一个袋子中取出一只白球，那么，无法判定袋子中究竟是两只白球还是一黑一白。同样的道理，假若从第三个袋子中取出一只黑球，那么，无法判定袋子中究竟是两只黑球还是一黑一白。

看来，只有从第二个袋子中取球了。

如果从第二个袋子中取出的是白球，则这个袋子中只能是两只白球。那么，其他两个袋子中就只能是两只黑球和一黑一白了。由于标记全错了，所以，标有"两只黑球"的袋子中只能是一黑一白，而标有"两只白球"的袋子中就是两只黑球了。

同理，如果从第二个袋子中取出的是黑球，那么第三个袋子中就是一黑一白，第一个袋子中就是两只白球。

所以，应该从第二个袋子中取球。

2　问路

如图13-6所示，在一条"丁"字路口的A边和B边分别站着一个人。这两个人，一个人说真话，一个人说假话。

现在你从C边走过来，要到城堡去寻宝，但你不知道应该走A边还是B边。要想知道哪一条路是正确的，你必须问那两个人，可是你只能问他们中的一个人，而且只能问一句话，并且只能问判断句，他们也只会回答"对"或"错"。现在，你并不知道他们谁说真话，谁说假话。这种情况下，你应该问哪个人？问什么？根据回答的内容，你如何选择方向？

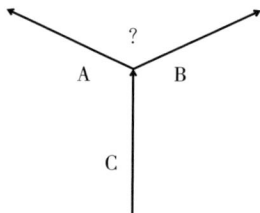

图13-6

───── 解　答 ─────

由于你并不知道两个人中哪一个说真话，哪一个说假话，因此，你设计的问话，需要把两个人的态度都考虑进去。也就是说，虽然你只问了一个人，但是，要让你问的那个人在他回答问题的内容中，把另一个人的态度告诉你。

根据上面分析的思路，可以这样问任意一个人："如果我问他（指另一个站在路边的人）应该走哪一条路，他会回答走那条路，对吗？"

假如你问的是说真话的人，那么，你问的意思就是这样的："如果我问说假话的人应该走哪一条路，说假话的人会回答走那条路，对吗？"由于说假话的人会指出错误的路线，而说真话的人会如实转述说假话的人的答案，这样的话，正确的路线就与说假话的人的回答相反。

假如你问的是说假话的人，那么，你问的意思就是这样的："如果我问说真话的人应该走哪一条路，说真话的人回答走那条路，对吗？"由于说真话的人会指出正确的路线，但说假话的人会错误转述说真话的人的答案，这样的话，正确的路线就与说假话的人的回答相反。

也就是说，无论你问谁，他回答的方向必定是错误的，正确的路线与他回答的总是相反。

所以，你只要问两个人中的任意一个人这么一句话："如果我问他（指另一个站在路边的人）应该走哪一条路，他会回答走那条路，对吗？"然后，按照他回答的相反方向走，就是正确的路线。

3 相亲节目上的美女

在一档相亲节目中，一位先生最终要在三位美女之间选择一位。这时，主持人告诉这位先生，这三位美女恰好供职于同一家公司，一位是职位最高的经理，她只说真话；一位是职位居中的科长，她有时说真话，有时说假话；一位是职位最低的办事员，她只说假话。这位先生分辨不清这三位美女谁是谁，但他最不想跟职位居中的科长交朋友。节目组在他选择美女之前，还允许他向任何一位美女问一个答案是"是"或"不是"的问题，被问的美女回答后，他就要做选择了。

请问，为了避免与职位居中的科长交朋友，这位先生应该向谁问话？问什么问题？选择哪一位美女？

────── 解　答 ──────

他可以向任意一位美女问第二位美女是不是比第三位美女的职位高。为方便叙述，我们假设他问甲："乙的职位是不是比丙的职位高？"

如果甲回答"是"。那么，丙肯定不是科长，这位先生应该选丙。因为，如果甲是经理，她的回答肯定是真话，乙的职位比丙高，那么，乙就是科长，丙是办事员。如果甲是办事员，她的回答肯定是假话，即乙的职位比丙低，那乙就是科长，丙是经理。当然，如果甲是科长，无论她的回答是真是假，丙都不是科长。

如果甲回答"不是"。那么，乙肯定不是科长，这位先生应该选乙。因为，如果甲是经理，她的回答肯定是真话，乙的职位比丙低，那么，乙就是办事员，丙是科长。如果甲是办事员，她的回答肯定是假话，即乙的职位比丙高，那乙就是经理，丙是科长。当然，如果甲是科长，无论她的回答是真是假，乙都不是科长。

第十四章　高明游戏

凡是玩智力游戏，都需要进行一定的逻辑推理。逻辑智力题中，也有一些是考察和锻炼人们推理能力的专门游戏。

第一节　分析言行判断未知情况

逻辑推理题中，有很多是根据已知的情况推理未知的情况，一些逻辑方面的游戏，也是这样的。

1　姐妹头上的花

一家有姐妹10人，一天，妈妈摘了10朵黄花和9朵红花，要给每个孩子从这19朵花中选一朵戴上。妈妈让女儿们按从小到大的顺序站成一列纵队，十妹在最前面，大姐在最后面。妈妈从后到前，依次给女儿们戴花。戴好后，每个女儿说了一句话。

站在最后的大姐说："我能看到前面妹妹们头上戴的花，但我不知道自己戴的是什么花。"

之后，二姐、三姐、四姐、五姐、六姐、七姐、八姐、九姐都说："我能看到前面妹妹（们）头上戴的花，但我不知道自己戴的是什么花。"

十妹说："那我知道自己头上戴的是什么花了。"

请问，听到九位姐姐说的话，十妹能不能知道自己头上戴的是什么花?

——— 解　答 ———

大姐不知道自己头上戴的是什么花，说明前面九个妹妹中有人戴的是黄花，否则，如果前面九个妹妹戴的都是红花，即9朵红花全部被妹妹们戴了，那她就能推出自己戴的是黄花。

二姐通过大姐的话推出自己和八个妹妹共九人中，有人戴黄花，那么，如果前面八个妹妹戴的都是红花，那她就能推出自己戴的是黄花。她不知道自己头上戴的是什么花，就说明前面八个妹妹中有人戴的是黄花。

以此类推，每位姐姐的前面都有人戴黄花。这样，九姐说话时，她前面的妹妹只有一个人，即十妹，她头上戴的是黄花。

所以，根据以上分析，十妹能知道自己头上戴的是黄花。

2　五顶帽子

有位逻辑老师为了测试三个得意门生哪个更聪明，准备了五顶帽子，其中三顶白色，两顶黑色。老师首先让学生们看了一遍五顶帽子，然后叫他们闭上眼睛，给每人戴上一顶，把余下的两顶藏起来，然后叫他们睁开眼睛，猜各自头上帽子的颜色。三位学生互相看了一看，面面相觑，犹豫了好一会儿，最后他们异口同声地说："我戴的是白帽子。"请问为什么?

——— 解　答 ———

如果三个人中有两个人戴黑帽子或者有一个人戴黑帽子，那么，不会出现三个人都犹豫好一会的情况。因为，如果有两个人戴的是黑帽子，那么，另一个人就能立即推理出自己戴的是白帽子。如果有一个人戴的是黑帽子，另两个人就能通过对方没有立即推理出他戴的是白帽子而很快推理出自己戴的是白帽子。所以，三个人戴的都是白帽子。

三位学生都是这样推理的：现在，在我面前有两顶白帽子，如果我戴的是黑帽子，那么，第二个人就会看到在他面前有一黑一白，他就会想："如果我戴的也是黑帽子，那么第三人就会根据眼前的两顶黑帽子立即推出他自己戴的是白帽子。"但第三个人沉默不语，推不出来。因此，我戴的就必定不是黑帽子，而是白帽子。

3 七顶帽子

猜帽子的逻辑游戏中，有一种玩法是：七个人参加游戏，共有七顶帽子，其中四顶白色的、三顶黑色的。这七个人中的一个人，眼睛被蒙上，他始终看不到别人头上戴的帽子。其他六个人围绕着他呈正六角形坐着，在他们前面有一个不太宽的挡板，使对面的人互相看不见，但能看见其他五个人。当然，自己肯定不能看到自己头上的帽子。主持人先让周围的六个人把眼睛都闭上，给他们七个人每人头上都戴了一顶帽子后，再让周围的六个人睁开眼睛。游戏开始。周围的六个人陷入了久久的沉思，都没有说话。中间的人在很久没有听到周围的人说话后，他说话了："我戴的是白帽子。"主持人宣布中间的人猜得正确。

请问，中间的人为什么能猜出自己头上帽子的颜色。

——— 解　答 ———

周围的人能看见两旁四个人的帽子和中间一个人的帽子，因此，只要出现四顶白帽子或三顶黑帽子，他就能猜出来自己头上帽子的颜色。游戏开始后，很久都没有人能猜出来，那就说明他们每个人看到的都是三顶白帽子和两顶黑帽子。

如果中间的人戴的是黑帽子，周围的人戴的帽子无论是什么情况，如图14-1所示，总会有一个人看到三顶黑帽子，那他就能猜出来自己戴的是白帽子。

```
     白  黑              白  黑              白  黑

  白     黑  黑       白     黑  白       白     黑  白

     白     白           白  黑              黑  白
```

图14-1

而只有当中间的人戴白帽子，周围的人戴三顶白帽子和三顶黑帽子，并且白帽子和黑帽子是各自连在一起、不相隔时，才会出现周围的人看到的都是三顶白帽子和两顶黑帽子的情况，如图14-2所示。

```
     白  黑

  白     白  黑

     白  黑
```

图14-2

4 二人手中的数字

逻辑学老师想测试一下两个学生的推理能力,就避开对方,分别在两个学生右手的手心写了一个数,并叮嘱他们不要看,也不要让对方看到。老师告诉两个学生说:你们右手的手心各写有一个自然数,它们的乘积是8或16。现在你们猜对方的数字,如果知道,就写在左手心;如果不知道,就不要写。每隔一分钟,你们二人同时伸开左手给对方看。

第一分钟后,两人同时伸开左手,都没有写出来。老师让他们接着想,过一分钟后再看。

第二分钟后,两人同时伸开左手,还是都没有写出来。老师让他们继续想,再过一分钟后再看。

第三分钟后,两人同时伸开左手,还是都没有写出来。老师让他们继续想,再过一分钟后再看。

第四分钟后,两人同时伸开左手,还是都没有写出来。老师让他们继续想,再过一分钟后再看。

第五分钟后,两人同时伸开左手,各写了一个数字。老师让他们把右手伸开,让对方看一下,看看自己猜得对不对,结果二人都猜对了。

请问,他们手中的数字各是多少?

—————————— 解　答 ——————————

二人手中各有一个自然数,它们的乘积是8或16,那这两个数的配对情况就只可能是这五种情况:1×8=8、2×4=8、1×16=16、2×8=16、4×4=16,这样,两个手中的数就只能在1、2、4、8、16这五个数的范围之内。

二人第一分钟没有写出来,说明自己右手中的数肯定不是16。因为如果他的数是16,那对方的数只能是1,他便会判断出对方的数。这样,双方就都知道对方右手中的数在1、2、4、8这四个数的范围之内。

二人第二分钟没有写出来,说明自己右手中的数肯定不是1。因为如果他的数是1,那对方的数只能是8,他便会判断出对方的数。这样,双方就都知道对方右手中的数在2、4、8这三个数的范围之内。

二人第三分钟没有写出来,说明自己右手中的数肯定不是8。因为如果他的数是8,那对方的数只能是2,他便会判断出对方的数。这样,双方就都知道对方右手中的数在2、4这两个数的范围之内。

二人第四分钟没有写出来，说明自己右手中的数肯定不是2。因为如果他的数是2，那对方的数只能是4，他便会判断出对方的数。这样，双方就都知道对方右手中的数是4。

所以，二人手中的数字都是4。

第二节　利用规则制订最优方案

有的逻辑游戏，是制定了一定的规则，要求参加游戏者在规则之下，完成一定任务或获取最大利益。玩这种游戏，参与者需要利用规则，制订出最优方案。

1 翻硬币

两个人在玩翻硬币游戏。甲被蒙上双眼，乙把三枚硬币放在桌面，使这三枚硬币不能全部正面或反面朝上，为了使全部硬币变成正面或反面朝上，甲可以不断向乙发出将第几枚硬币翻身的指令，乙按照甲的指令执行。乙执行一次指令后，就会根据事实向甲报告三枚硬币是否已经全部正面或反面朝上了。请问，甲要如何向乙发指令？最少发几次指令必能成功？

—— 解　答 ——

由于三枚硬币是由乙放的，因此，对甲来说，要想到一个方案，在所有情况下都能尽快成功。由于乙放硬币的时候不能全部正面或反面朝上，因此，可以把乙放硬币的所有情况都列举出来。三枚硬币不是全部正面或反面朝上，必然只有一枚硬币与另两枚不一样，假设不一样的一枚硬币为A面，另两枚硬币为B面，那么，这三枚硬币就只有这三种情况：

ABB　BAB　BBA

这样，我们只需翻转三次硬币，就必能成功。

第一个指令可以随便让一个位置的硬币翻转。我们假设让左边的硬币翻转，这三种情况会变成：

BBB　AAB　ABA

这样，第一种情况下，硬币就会全部变成B面，成功。若不成功，只有后两种情况：

AAB   ABA

后两种情况下，由于让刚才位置的硬币再次翻转会回到最初的状态，而最初的状态三枚硬币并不在同一面，因此，没有意义。我们可以随便让除刚才位置外的硬币翻转，假设让右边的硬币翻转，那么，这两种情况会变成：

AAA   ABB

这样，第二种情况下，硬币就会全部变成A面，成功。若不成功，只有第三种情况：

ABB

这时，显而易见，只要让左边的硬币再翻转回去，就会成为：

BBB

成功！

所以，甲发的第一个指令应该是翻转任意一枚硬币，第二个指令应该是翻转其他两个位置中的任意一枚硬币，第三个指令应该是翻转第一个指令说的那枚硬币。这样，在三个指令内，必能成功。

2 特殊线路的开关

某人装修房子时，在屋内安装了一只灯。这只灯的线路很特殊，被四个拉绳式开关同时控制着，其中两个开关在门外，两个开关在门内。只有当这四个开关中有任意两个是打开状态、任意两个是关闭状态的情况下，灯才会亮。现在灯未亮，也不知道各个开关处于什么状态，而且只能控制门外的两个开关。请问，如何操作才能确保尽快把灯打开？

—— 解　答 ——

虽然四个开关的状态共有16种组合情况，但从四个开关共有几个开、几个关的数量上讲，可以只分为3种情况，一是全开或全关，二是一开三关或三开一关，三是两开两关。现在灯未打开，说明只可能是前两种情况。

我们把门外的两个开关记为a和b，要形成两开两关的情况，只要按任意顺序依次拉三次就行了。

先拉a。如果开始是一开三关或一关三开，那么，拉任意一只开关后，有可能会形成两种情况，一是两开两关，二是全开或全关。如果灯亮，就成功了；如果灯不亮,必为全开或全关。如果开始是全开或全关,那么,拉任意一只开关后,只可能形成一开三关或三开一关的情况,而且,a与另三个开关的状态不同。

拉a后,如果灯不亮,再拉b。如果拉a后形成了全开或全关,那么,现在就是一开三关或三开一关,b与另三个开关的状态不同,因此,灯仍然不会亮。如果拉a后形成了一开三关或三开一关,并且a与另三个开关的状态不同,那么,拉b后必形成两开两关的状态,灯会亮起。

拉b后,如果灯不亮,再拉a。拉b后,灯未亮,说明b与另三个开关的状态不同,现在拉a,必会形成两开两关,灯会亮起。

3 强盗分赃的最优方案

10个强盗抢到了100块金子,每块1两。现在,他们要分赃了。因为以往每次分赃时最厉害的强盗头子都分得多,所以,这次有人提出了一个"民主"办法:事先抽签排出10个强盗的顺序,先由一号强盗提出分赃方案,然后大家表决,如果有至少一半的人同意,那就按这个方案分;如果有一半以上的人不同意,那这个强盗就在这次分赃中被排除在外。然后,由二号强盗提方案,剩下的强盗表决,按照同样的规则,根据表决的结果分赃或把提方案的强盗排除在这次分赃之外。以此类推,直到方案通过。

假设这些强盗都以能分到更多的金子为目标,金子最小是1两,不可再分得更小,那么,一号强盗应该提什么方案,才能得到最大的利益?

───────────── 解　答 ─────────────

一号强盗提出的方案要通过,按照最少一半的票数,除他之外,必须至少得到4个强盗的支持,而只有在这4个强盗认为,如果不同意一号强盗的方案,他们将得利更少的情况下,他们才会同意一号强盗的方案。也就是说,对4个强盗来说,其他强盗提出的方案不如一号强盗提出的方案。这样,他们就要假设如果一号强盗提出的方案不能被通过,其他人提出的方案将不如一号强盗。一号强盗提出的方案若不能通过,就是二号强盗提方案,但二号强盗提的方案不如一号强盗提的方案对他们有利。那么,在一号强盗被排除在外的情况下,二号强盗会提什么方案呢?如此一来,就要反向思考,先考虑假若八号强盗提出的方案未被通过的情况下,剩下的九号和十号强盗会出现什么情况,然后,再往前推理。

九号强盗提方案时，由于仅剩下2个强盗，因此，他提出的方案只要自己同意，就满足一半的票数，方案便能通过。也就是说，他提出的任何方案都能通过。这样，他必然会提议把所有的100块金子都分给自己。那么，十号强盗将一无所获。

由于轮到九号强盗提方案时，十号强盗将一无所获，因此，十号强盗只要能得到1两金子，他都不会反对八号强盗提出的方案，而让九号强盗提方案。

八号强盗提的方案要通过，由于还剩下3个强盗，因此，需要得到1个强盗的支持。这样，他提的方案中，只要能分给十号强盗1两金子，哪怕把剩下的99两金子分给自己，十号强盗也会支持的，方案能通过。

由于轮到八号强盗提方案时，九号强盗将一无所获，因此，九号强盗只要能得到1两金子，都不会反对七号强盗提出的方案，而让八号强盗提方案。

七号强盗提的方案要通过，由于还剩下4个强盗，因此，需要得到1个强盗的支持。这样，他提的方案中，只要能分给九号强盗1两金子，哪怕把剩下的99两金子分给自己，九号强盗也会支持的，方案能通过。

以此类推，前面的强盗提出的方案若想通过，六号强盗会给十号和八号强盗各分一两，给自己分98两。五号强盗会给九号和七号强盗各分1两，给自己分98两。四号强盗会给十号、八号、六号强盗各分1两，给自己分97两。三号强盗会给九号、七号、五号强盗各分1两，给自己分97两。二号强盗会给十号、八号、六号、四号强盗各分1两，给自己分96两。一号强盗会给九号、七号、五号、三号强盗各分1两，给自己分96两。

所以，一号强盗应该提这样的方案：给自己分96两金子，给三号、五号、七号、九号强盗各分1两金子。

第四篇
数学类智力题

第十五章　不用详算知结果

数学题目常常需要进行一定的计算，根据计算的答案，得出结论。但是，有些题目，并不需要进行详细的计算，就能得出正确的答案。

第一节　利用特例有关情况

有的题目，特殊情况和所有情况的结论是相同的。如果计算一般情况，可能会比较麻烦。解决这类问题有一个捷径，那就是，找到容易计算的特殊情况。因为特殊情况和所有情况的结论一致，所以，特殊情况下的结果，就是题目的答案。

1　走不准的表

有一个钟表，它的时针和分针重合一次花费的真实时间是65分钟。问，这个表是走得快了还是慢了？

―――――――――――――― 解　　答 ――――――――――――――

假若要计算正常表的时针和分针每隔多长时间重合一次，再与65分钟比较，那会很麻烦。

一个正常的表，假设在0点整，那么，当它走了65分钟，分针指在表盘的1上，而时针已超过了1，即此时分针还不能与时针重合，所以，正常的表时针和分针重合一次的时间会超过65分钟。题目中的钟表时针和分针重合一次需要65分钟，所以，它走得快了。

2 小妹的哥哥和姐姐

有一群兄弟姐妹，最大的是男孩，最小的是女孩。大哥的弟弟比妹妹多1人。请问，小妹的哥哥比姐姐多几人？

———————————— 解　答 ————————————

"大哥的弟弟比妹妹多1人"，最简单的情况就是，大哥有2个弟弟，1个小妹。那么，小妹就有3个哥哥，没有姐姐，所以，小妹的哥哥比姐姐多3人。

3 三个正方形中的阴影面积

如图15-1所示，三个正方形的边长都是1，下面两个正方形并排连在一起，上面一个正方形与下面的两个正方形相连。求图中阴影部分的面积。

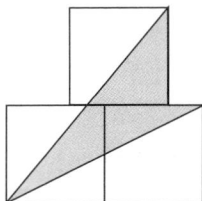

图15-1

———————————— 解　答 ————————————

由于题目并未设定上面正方形左右的位置，因此，我们可以找出一个特殊的、容易求出阴影部分面积的位置。当上面的正方形与下面右边的正方形左右位置相同时，面积就非常容易求出来。如图15-2所示。

这样，阴影部分就变成了底为1，高为2的三角形，其面积就是：

$$1 \times 2 \div 2 = 1$$

所以，阴影部分的面积是1。

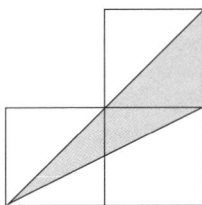

图15-2

4 两个重叠正方形空白部分的面积之差

如图15-3所示，两个正方形重叠在一起，大正方形的边长是10，小正方形的边长是6。试问，两个正方形空白部分的面积之差是多少？

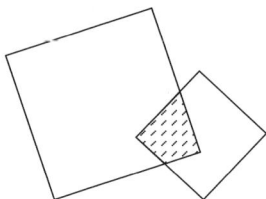

图15-3

——— 解　答 ———

由于题目并未设定两个正方形如何重叠，因此，我们可以这样设想：当两个正方形完全重叠时，重叠部分的大小就是小正方形的面积，而小正方形的空白部分面积就变成了0。这时，两个正方形空白部分的面积之差就是：

$$10 \times 10 - 6 \times 6 = 64$$

所以，两个正方形空白部分的面积之差是64。

第二节　试验一下有关过程

有的问题，用计算的办法解决起来很困难，但如果用试验的办法，把有关过程先实践一遍，会很容易得到答案。

1 剩一个

十三个孩子玩游戏，他们排成了一个圈，从某一个人开始，按顺时针方向数，数到第13个人时，这个人退出。接着，从下一个人开始数，仍然数到第13个人时，这个人退出。这样数下去，直至最后剩下一个人。小凤参加这个游戏，她想成为最后剩下的那个人，如果让她决定从哪个人开始数起，请问，她应该从离自己几个人的位置开始数起？

——— 解　答 ———

在纸上把1到13这13个数写成一个圆，如图15-4所示。从1开始，按照题目的要求数下去，到最后，剩下的那个人是8号。

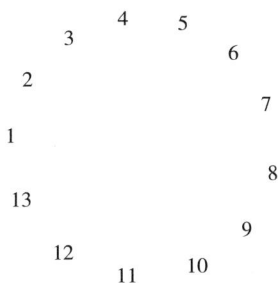
图15-4

根据这一试验结果，要想最后留下的人是自己，那么，就要从按照顺时针方向，自己后面第6个人开始数起。

2 十张扑克牌

从A到10共10张扑克牌，把它们叠在一起，拿在手里，首先把最上面的一张牌即顶牌，拿到最下面，然后把新出现的顶牌放在桌子上。之后，再次把顶牌拿到最下面，然后把新出现的顶牌放在桌子上。不断按照这一规则，重复执行。最后，放到桌子上的牌依次是A、2、3、4、5、6、7、8、9、10。请问，这10张扑克牌事先是按什么顺序拿在手中的？

———————————— 解　　答 ————————————

我们用两个方法解答此题。

方法一：把这10张扑克牌按A至10的顺序放在手中，按题目要求的规则拿出来放在桌上，桌上的扑克会成为：5、9、A、7、3、10、8、6、4、2。

也就是说，原先的第5张扑克牌是现在的第1位，第9张是现在的第2位……第2张是现在的第10位。它们的对应关系如表15-1所示。

表15-1　原来位数与换后位数的对应关系

原来位数	5	9	A	7	3	10	8	6	4	2
换后位数	A	2	3	4	5	6	7	8	9	10

要使现在的顺序是A至10，只需把桌面上10张扑克对应换成A至10就行了。即3放在第1位，10放在第2位……6放在第10位。所以，这10张扑克牌事先的顺序

就是3、10、5、9、A、8、4、7、2、6。

方法二：把这10张扑克牌按A至10的顺序放在桌上，按题目的规则倒着往回收，收完后，就能看到这些牌的顺序是3、10、5、9、A、8、4、7、2、6。

所以，这10张扑克牌事先是按照3、10、5、9、A、8、4、7、2、6的顺序拿在手中的。

第十六章　根据要求配数字

在关于数字的智力题中，根据要求配一些数字是常见的题目。这类题目，要按照一定的计算方法，在特定的图表中填上一定范围内的数字，使某些范围内的计算结果相同，或遵守一定的规则。

第一节　相同图形与不相同图形

配数字的题目中，有很多是按照图形中的各线条或各区域进行加法计算，使计算结果相同。这些图形中，各线条或各区域绝大部分是相同的图形，也有少部分是不相同的图形。图形相同的，各线条和各区域的数字个数当然也是相同的；图形不相同的，各线条或各区域的数字个数有的相同，有的不同。

1　三角形上的数字

把1~9共9个数字，分别填到图16-1中三角形的角和边上的圆圈中，使三角形每条边上的四个数字之和皆为17。

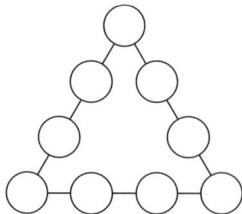

图16-1

─────────── 解　　答 ───────────

设三个顶点分别为x、y、z，三条边上的所有数字相加，x、y、z会用到两次，这就有：

$$1+2+3+4+5+6+7+8+9+x+y+z=17 \times 3$$

$$x+y+z=51-45=6$$

1~9中，三个数之和是6，它们只能是最小的1、2、3这三个数。

x、y、z是1、2、3，那我们先把1、2、3分别填到三个顶点。

现在，每条边上已有两个数，用17减去这两个数，就是另两个数之和。

$$17-1-2=14$$

$$17-1-3=13$$

$$17-2-3=12$$

我们从4、5、6、7、8、9中，把两数相加之和等于14、13、12的情况列出来：

5+9=14	6+8=14	
4+9=13	5+8=13	6+7=13
4+8=12	5+7=12	

由于各数只能用一次，因此，能很快找出两种组合。

一种组合是：5+9=14，6+7=13，4+8=12；

一种组合是：6+8=14，4+9=13，5+7=12。

所以，这个题有两种填法，如图16-2所示。

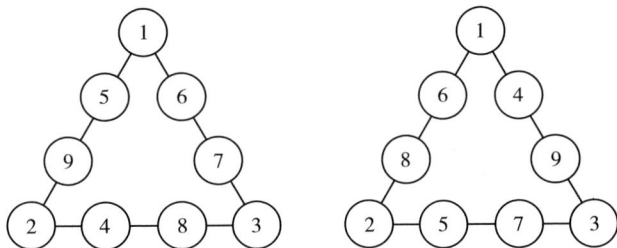

图16-2

2　立方体上八个角的数字

把1~8共8个数字，分别填到图16-3中正方体角上的圆圈中，使正方体每一个面上的4个数之和都相等。

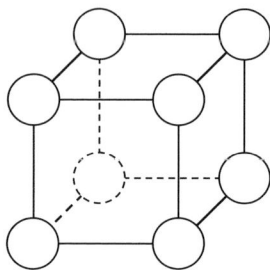

图16-3

─────────── 解　答 ───────────

这8个数字，每个数字都要用到3次，6个面的数字之和相等，那么，每一面的数字之和就应该是：

$$（1+2+3+4+5+6+7+8）×3÷6=18$$

由于各面之和相等，因此，在填数时，要考虑到大小相配的问题。按照这一思路，1和8应该填在某条线的两个角；之后，再把与1同在另一条线的角填上7，这样，在1、8、7的平面就已填了三个数，那么，这个面的另一个角就应该填18−1−8−7=2。

现在还有3、4、5、6四个数字未填。

1和7之和是8，因此，另一面的另两个角的数字之和是18−8=10，这样，只能填4和6。按照大小相配的原则，应该把4填到1的对角线，把6填到7的对角线。

剩下的3和5，只需计算各自所在面已有三个数的情况，便可填成功。

填成的情况如图16-4所示。按照各面数字之和等于18检验一下，每一面都是正确的。

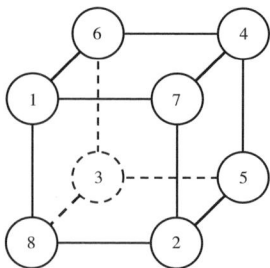

图16-4

3 三环六数

把0~5共6个数字，分别填到图16-5中的圆圈中，使各个圆环上的4个数字之和都为10。

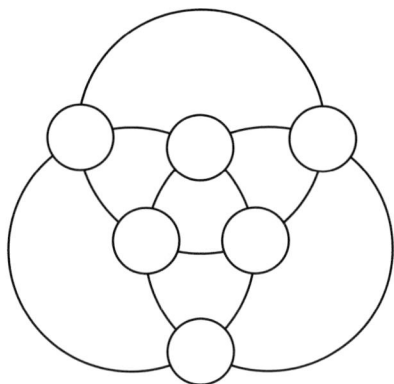

图16-5

———————— 解　答 ————————

我们看一下0、1、2、3、4、5这6个数字，想要其中4个数字之和为10，只有3种情况：

一是，0+1+4+5=10；

二是，0+2+3+5=10；

三是，1+2+3+4=10。

所以，这三个圆环上的数字，也就只能是这三种情况。

这三种情况中，出现两次的数字对子有：0和5、1和4、2和3。也就是说，这三对数字，必须各自同时在两个圆环上，如图16-6的位置。

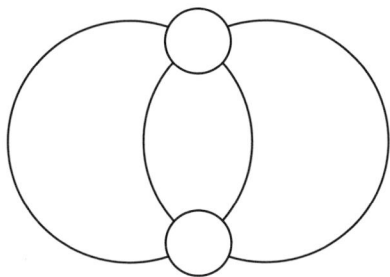

图16-6

我们按照配对的情况填，就可以成功。如图16-7所示。

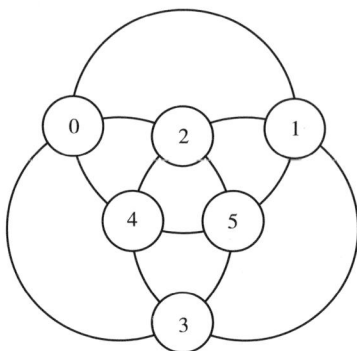

图16-7

把图16-7中任意的数字对子换位置，都是可以的。

4 十条线

把三个1、三个2、三个3共9个数字，分别填到图16-8中的圆圈中，使每条线上的三个数之和都相等。

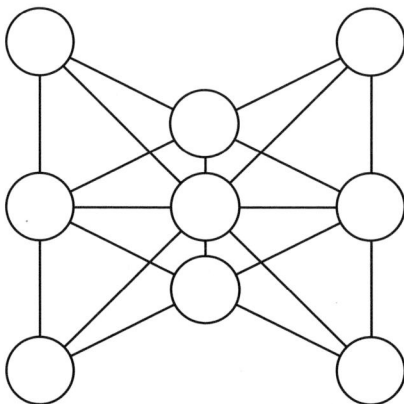

图16-8

—————————— 解　　答 ——————————

图中共有10条线，每条线上都有3个数字，很明显，各条线上的数字之和只能是6。否则，无论每条线上的数字之和是小于6还是大于6，简单试一下就会发现，总有数字不够用。

要使每条线上的数字之和为6，只有两种填法，一是1+2+3=6，一是2+2+2=6。这样的话，如果某条线上有1或3，那么，只能出现一个1和一个3。

这九个圆圈，四个角的地位相同，左右两边居中的地位相同，居中竖线上下的地位相同。因此，我们可以试一下，看给这三种地位的圆圈填上哪个数字可行。很快就能试出结果——把三个2填在横线上三个圆圈内，其他圆圈根据各条线上的数字之和是6填，就能填成功。答案如图16-9所示。

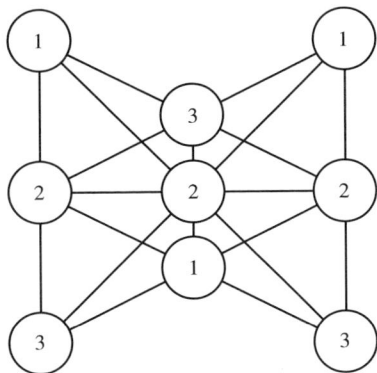

图16-9

第二节　幻方结构与反幻方结构

在$n \times n$表格中，每格都有一个不同的数字，表的每列、每行以及两条对角线上方格中的数字之和都相等，这种表就叫作"幻方"。幻方各列、各行、各条对角线上的数字之和，叫作"幻和"。根据幻方的行列数，人们把$n \times n$表格叫作n阶幻方。

数学上已经证明，对于$n > 2$，n阶幻方都存在。目前填幻方的方法，是把幻方分成三类，分别是奇数阶幻方、双偶阶幻方和单偶阶幻方。n阶幻方，如果n为奇数，那就是奇数阶幻方；如果n为偶数，且能被4整除，那就是双偶阶幻方；如果n为偶数，但不能被4整除，那就是单偶阶幻方。这三类幻方，各有各的填法。奇数阶幻方的填法最简单，双偶阶幻方的填法较简单，单偶阶幻方的填法复杂。

这里说的幻方，是基本幻方，一般地，人们在说幻方时，不做特殊说明，指的就是这里所说的基本幻方。除基本幻方之外，还有几种特殊幻方，主要有：完全幻方、乘积幻方、双重幻方和幂幻方、立体幻方。

完全幻方是指各行、各列、各条对角线和各条泛对角线之和均相等的幻方。

乘积幻方是指各行、各列、各条对角线之积均相等的幻方。

双重幻方是指不但各行、各列、各条对角线之和均相等，而且各行、各列、各条对角线之积也均相等的幻方。

幂幻方也叫高次幻方，是指把幻方的所有数字替换成各数字的k（$k>1$）次幂时，仍满足幻方条件的幻方。在幂幻方中，还有同时满足其不同次方的幻方。

立体幻方也叫三维幻方，是指在$n \times n \times n$形成的三维空间表格中，各层平面上的各列、各行和立方体各条对角线上的数字之和均相等的幻方。三维幻方对任意一个平面上的对角线上的数字之和没有要求。

另外，人们还把所有列、行以及对角线上的数字之和皆不相等的$n \times n$表格，叫作"反幻方"。

1 三阶幻方

把1~9共9个数字填到图16-10的3×3表格中，使每行、每列和每条对角线上的数字之和均相等。

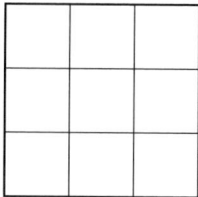

图16-10

―――――――― 解　　答 ――――――――

每行或每列的数字之和相等，3行或3列正好填完1~9所有数字，这3行或3列的总和是：

$$1+2+3+4+5+6+7+8+9=45$$

因此，每行或每列之和，即幻和就是：

$$45 \div 3 = 15$$

我们把幻方中的数字用9个字母代替，如图16-11所示：

x_1	x_2	x_3
x_4	x_5	x_6
x_7	x_8	x_9

图16-11

根据幻方的特点，有：

$$(x_1+x_5+x_9)+(x_3+x_5+x_7)+(x_4+x_5+x_6)=15\times3=45$$

$$(x_1+x_4+x_7)+(x_3+x_6+x_9)=15\times2=30$$

上两式相减并求解：

$$(x_1+x_5+x_9)+(x_3+x_5+x_7)+(x_4+x_5+x_6)-$$
$$(x_1+x_4+x_7)-(x_3+x_6+x_9)=45-30$$
$$3x_5=15$$
$$x_5=5$$

所以，中心的数字填5。

第一行、第三行、第一列、第三列都不填5，但它们的和是15。即1、2、3、4、6、7、8、9中，三个数之和为15。这八个数中，三个数之和为15，要么是三个奇数，要么是一个奇数和两个偶数。由于1、3、7、9中的任意三个数之和都不是15，因此，只能是一个奇数和两个偶数。由于只有四个奇数，因此，各奇数与两个偶数之和为15就只有四种情况：

$$1+6+8=15$$
$$3+4+8=15$$
$$7+2+6=15$$
$$9+2+4=15$$

在这四种情况中，1、3、7、9各出现了1次，2、4、6、8各出现了2次。这四种情况与第一行、第三行、第一列、第三列相对应，各角的数字既在某一行，又在某一列，会用到2次，各行或列中间的数字只会用到1次。因此，1、3、7、9就在行或列的中间，2、4、6、8在角上。按照这一思路，可以先把任意一组数字填到一行或一列，然后按照其他三组数字填，就能填成功。比如，我们把第一个算式1+6+8=15中的1、6、8分别填在第一列的中间、左上角、左下角，如图16-12所示。

6		
1	5	
8		

图16-12

这样，剩下的五个数字就很容易填成功了。右下角只能填15-5-6=4，右上角只能填15-5-8=2，第三列第二行只能填15-5-1=9，第一行第二列只能填15-6-2=7，第三行第二列只能填15-8-4=3。填成功后的幻方如图16-13所示。

6	7	2
1	5	9
8	3	4

图16-13

2 立体幻方

立体幻方也叫三维幻方，要求在$n \times n \times n$立方体格子中，填上不同的数字，使各层平面上每行、每列和立方体每条对角线上的数字之和均相等。需要说明的是，三维幻方对任意一个平面上对角线上的数字之和没有要求。

很明显，填立体幻方的难度非常大。

下面，我们讲一个三阶立体幻方的例子。

把1~27共27个数字，填到图16-14的$3 \times 3 \times 3$立体格子中，使各层平面上每行、每列和立方体每条对角线上的数字之和均相等。

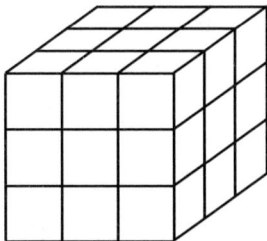

图16-14

解　答

填三阶立体幻方的基本思路是这样的。第一步，在中间一格填上14，其道理和填三阶幻方相同。第二步，把剩下的13对数字按照两个数字之和是28配对，共配有13对，这些成对的数字，必定是与14在同一条上的，把最大和最小的数字1和27先填上。1与次大的数字26必定会在一条线上，27与次小的数字2必定会在一条线上。第三步，计算出1与26、27与2在一线上的另一数字。由于与14在一线上的行与列共有3条线，与14在一线上的立方体对角线共有4条线，这些线上共占了7对数字，根据填三阶幻方的原理，另6对数字就应该在与14在一个平面上的对角线上的两个角，即立方体12条棱中心的位置。这样试下去，就能很快填成功一个三阶幻方。

立体幻方填成功后，可以通过有规律的变动，对有关方格的数字进行替换，形成新的立体幻方，因此，其填法会有很多。下面，我选讲其中的一种填法。

由于立方体里面格子的数字不好显示，因此，我们把立方体后面的两层"抽出来"，如图16-15所示。

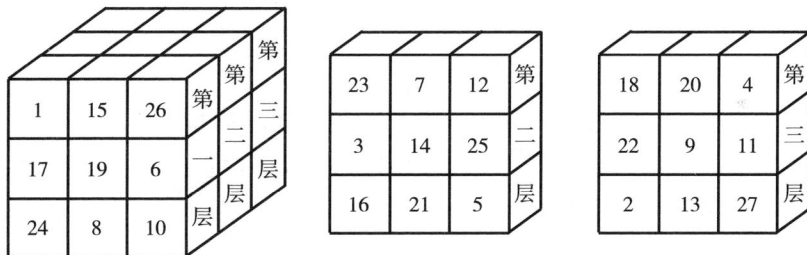

图16-15

图16-15是从前后方向看的结果，从左右和上下看，各层面的幻方不同。

从右边看，各层面分别如图16-16所示。

第一层

26	12	4
6	25	11
10	5	27

第二层

15	7	20
19	14	9
8	21	13

第三层

1	23	18
17	3	22
24	16	2

图16-16

从上面看，各层面分别如图16-17所示。

第一层

18	20	4
23	7	12
1	15	26

第二层

22	9	11
3	14	25
17	19	6

第三层

2	13	27
16	21	5
24	8	10

图16-17

这9个平面各行、各列上的数字之和都是42。

立方体的4条对角线上的数字之和也都是42：

$$1+14+27=42$$

$$26+14+2=42$$

$$24+14+4=42$$

$$10+14+18=42$$

另外，这个立体幻方包括中心数字14的三个面，其对角线之和也都是42。

3 反幻方

幻方要求各行、各列和各条对角线上的数字之和均相等，反幻方与幻方相反，要求各行、各列和各条对角线上的数字之和都不相等。下面，我们讲一下三阶反幻方的例子。

把1~9共9个数字填到3×3表格中，使每行、每列和每条对角线上的数字之和都不相等。

────────── 解　　答 ──────────

三阶反幻方的填法简单。可以把数字先按任意顺序填入方格中，计算出各行、各列、各对角线上的数字之和，如果相等，则进行一定的替换。按这样的办法，就能很快填成功。比如，先把数字按从左到右、从上到下的顺序填到九个方格中，如图16-18所示。

顺序填数

1	2	3
4	5	6
7	8	9

图16-18

换成功后

7	6	3
4	5	2
1	8	9

图16-19

现在发现，除第二行、第二列和两条对角线上的数字之和都是15外，其他的和都不相等，那我们对这几条线上的数字进行一定的互换，看看结果如何。例如，把第二列的2和第二行的6互换，把右下斜对角线上的1和右上斜对角线的7互换，如图16-19所示。这样，各行、各列、各对角线上的三个数字之和就不相等了，分别是：16、11、18、12、19、14、21、9。

事实上，反幻方的填法非常多，下面再举三个例子。如图16-20所示。

9	8	7
6	5	2
4	1	3

5	8	7
2	4	1
6	9	3

8	1	2
9	7	3
4	6	5

图16-20

图16-20左边的反幻方，其各行、各列、各对角线上的三个数字之和分别是：24、13、8、19、14、12、17、16。

图16-20中间的反幻方，其各行、各列、各对角线上的三个数字之和分别是：20、7、18、13、21、11、12、17。

图16-20右边的反幻方，其各行、各列、各对角线上的三个数字之和分别是：11、19、15、21、14、10、20、13。

反幻方的这些填法中，有一种填法特别好记，那就是：从一角或中心开始，按照数字从小到大或从大到小的顺序，向任意一个方向呈螺旋状填，其结果都符合反幻方的要求。如图16-21所示的两例。

1	2	3
8	9	4
7	6	5

3	2	9
4	1	8
5	6	7

图16-21

图16-21左边的反幻方，其各行、各列、各对角线上的三个数字之和分别是：6、21、18、16、17、12、15、19。

图16-21右边的反幻方，其各行、各列、各对角线上的三个字之和分别是：14、13、18、12、9、24、11、15。

第十七章　数字符号成等式

数学方面的智力题中，有一类是关于用数字和符号表示出算式的问题。但作为智力题，需要做的肯定不是简单的计算，计算能力只是基础而已，它考察的是人们处理数字的综合能力。

第一节　给缺数的算式添数字

本节的题目是，给你一个固定但缺少数字的算式，要求给它添上恰当的数字，使算式成立。其实，数学上的计算题就是这种类型中的最基本题目。作为智力题的这类题目，不只是计算那么简单，它需要进行推理和试验。

做这类题，一般要先观察，再分析特点，最后检验。进行推理时，要先从已知条件多、容易推理出的数字入手，由易到难，逐步推出越来越多的数字。

这类题目，缺少数字的地方，有的是空格，有的是字母，无论是哪一种，在做题的过程中，都最好把算式写在草稿纸上。每推理出一个数字，就把它填到算式中去，这样会看得很直观，对做题有很大帮助。

1 数字不重复的算式

在下面的"□"里填上1~9共9个数字，每个数字只用一次，使算式成立。

$$
\begin{array}{r}
\square\square\square\square\square \\
- \quad \square\square\square\square \\
\hline
3\ 3\ 3\ 3\ 3
\end{array}
$$

——————— 解　答 ———————

很明显，被减数的万位上只有可能是3或4。因为差是3，所以，当万位是3时，千位就没有向万位借1；当万位是4时，千位就向万位借了1。

下面，再假设千位上的数字，然后逐一试验，最后发现，只有下面两种情况能使等式成立。

$$
\begin{array}{r}
41286 \\
- \quad 7953 \\
\hline
33333
\end{array}
\qquad
\begin{array}{r}
41268 \\
- \quad 7935 \\
\hline
33333
\end{array}
$$

2 积的九位数全是被乘数的首位数

A、B、C、D、E、F、G、H是各不相同的数字，请问，下面的算式要成立，A、B、C、D、E、F、G、H各代表哪个数字？

$$
\begin{array}{r}
ABCDEFGH \\
\times \qquad\qquad H \\
\hline
AAAAAAAAA
\end{array}
$$

——————— 解　答 ———————

首先可排除$H=1$，这个道理很简单。然后，再进一步推理。

因为$ABCDEFGH \times H = AAAAAAAAA = 111111111 \times A$，所以：

$$
\frac{ABCDEFGH}{A} = \frac{111111111}{H}
$$

先试两边值皆为整数的情况，如果不相符，再试其他情况。

$111111111/H$要为整数，很容易判断出，H不可能是偶数或5。这样，H有可能是3、7、9。由于9个1相加是9，因此，111111111能被3和9整除，商分别是37037037和12345679，但不能被7整除。所以，H只有可能是3或9。

如果*H*=3，那么，*ABCDEFG*3=37037037×*A*。*A*明显不可能是1或2。超过2后，*ABCDEFGH*就成了9位数，因此，*H*=3无解。这样，*H*就只能是9。

H=9，则*ABCDEFG*9=12345679×*A*。由于9×*A*的个位数仍要是9，因此，*A*只能等于1。*A*=1，那么，*ABCDEFGH*就是12345679。

把竖式中的字母全部替换成数字，进行验证，正确！

$$
\begin{array}{r}
12345679 \\
\times \qquad 9 \\
\hline
111111111
\end{array}
$$

所以，*A*、*B*、*C*、*D*、*E*、*F*、*G*、*H*依次分别是1、2、3、4、5、6、7、9。

3 全是字母的乘法竖式

A、*B*、*C*、*D*、*E*、*F*、*G*、*H*、*I*、*J*是各不相同的数字，请问，下面的算式要成立，*A*、*B*、*C*、*D*、*E*、*F*、*G*、*H*、*I*、*J*各代表哪个数字？

$$
\begin{array}{r}
A\,B\,C\,D\,B\,E \\
\times \quad F\,G\,H\,D\,I \\
\hline
A\,A\,A\,J\,H\,B\,E \qquad ① \\
D\,I\,C\,G\,J\,J \qquad ② \\
I\,H\,G\,D\,J\,J \qquad ③ \\
H\,F\,C\,I\,G\,E \qquad ④ \\
G\,D\,J\,E\,E\,J \qquad ⑤ \\
\hline
H\,C\,G\,D\,B\,F\,B\,H\,B\,E \qquad ⑥
\end{array}
$$

------ 解　答 ------

从积中的十位数*B*=*B*+*J*推出：*J*=0。

乘数的十位数*D*乘上被乘数所得结果是②，因为它与被乘数同为6位数，且最高位是*D*，所以，*D*×*A*=*D*，由此推出：*A*=1。

由*E*×*I*的末位是*E*，*E*×*D*的末位数为0，*E*×*H*的末位数为0，推出：*E*=5，*D*和*H*为偶数，*I*有可能是3、7、9。被乘数是6位数，最高位是1，①是7位数，因此，*I*不会是3，试看7和9哪个符合①之要求。结果是，*I*=9。再由①，可推出*B*=2，*C*=3，*D*=4。

现在可知被乘数是123425，乘数的个位是9。由①知，*H*=8。由②知，*G*=7。还剩下最后一个*F*，由于所有字母是各不相同的数字，因此，*F*=6。

把竖式中的字母全部替换成数字，进行验证，正确！

```
        123425
  ×      67849
      1110825
      493700
      987400
      863975
     740550
    8374262825
```

所以，*A*、*B*、*C*、*D*、*E*、*F*、*G*、*H*、*I*、*J*分别是1、2、3、4、5、6、7、8、9、0。

4 填空的除法竖式

给下面算式中的"□"里填上适当的数字。

――――――――――― 解　答 ―――――――――――

⑥从被除数中连落二位，所以，商的十位数为0。

除数乘以7得③为一个三位数，且②减去③仍得三位数，这可以推出，③最大只能是899，那这样，除数最大只能是12*x*，否则，即使除数为130，130×7=910，三位数减去910，也只能是两位数，所以，除数百位数为1，十位数非1即2。即除数是11*x*或12*x*。

③是除数乘以7得来的，是三位数，②是三位数，②减去③仍是三位数。⑤是除数乘以商的百位得来的，是三位数，④是四位数，④减去⑤是两位数，那说明商的百位比千位的7大，是8或9。但①和⑦是除数乘以商的万位数和个位数得来的，是四位数，那说明商的万位和个位比百位大，商的百位可能是8和9，所以，商的百位只能是

8，万位和个位只能是9。这样就推出商是97809。

商的十位数是0，那说明⑥的前三位小于除数，现在已知除数是11x或12x，所以⑥的前三位不大于130，前二位不大于13。假设除数的十位数为1，那除数最大为119，但119×8=952，即使④取最小值1000，④减去⑤得1000-952=48，也比13大，因此，假设不成立。这样，除数的十位数就是2。

⑤是除数12x与8相乘得来的，是三位数，因此，除数的个位只能小于或等于4。假设除数是120、121、122、123，算出被除数后，试验一下，会发现②减去③的差是两位数，与题目情况不符。只有除数是124时，算出被除数，才刚好符合所有情况。所以，除数是124。

填完空的算式如下：

```
                97809
      ┌────────────────
  124 │ 12128316
      │ 1116
      ├──────────
      │   968
      │   868
      ├──────────
      │  1003
      │   992
      ├──────────
      │    1116
      │    1116
      ├──────────
      │       0
```

第二节 用给出的数字算结果

用给出的一些数字，通过一定的运算符号或再加上一些其他数学符号，表示出某些数字，既有趣味性，又有挑战性。在这类题目中，如何运用数学符号是关键。

扑克牌智力游戏"24点"就属于这类题目。其玩法是：随机抽出四张扑克牌，看谁能最先用牌的点数通过加、减、乘、除四则运算或再加上约定允许用的其他数学符号算出24。这种游戏流传相当广泛，很多人都玩过，对锻炼人们的智力有很大益处。当然，玩24点有一定的技巧和套路，本书不专门进行这方面的研究。本节只选两道特别难的，作为智力题，进行研究。

1　24点（一）

三个5，一个1，用四则运算，算成24。

———————— 解　　答 ————————

要是两个5，一个1，那很好算：$5 \times 5 - 1 = 24$。但现在要加上一个5，并且让其中的一个5不起作用。怎么办呢？我们可以把$5 \times 5 - 1 = 24$变化一下：

$$5 \times 5 - 1 = 24$$

$$\left(5 - \frac{1}{5}\right) \times 5 = 24$$

这样，就成了三个5和一个1。

还有一些24点的题目，也要用到这个思路，比如：

3、3、7、7：$(3 + 3 \div 7) \times 7 = 24$；

4、4、7、7：$(4 - 4 \div 7) \times 7 = 24$。

2　24点（二）

两个3和两个8，用四则运算，算成24。

———————— 解　　答 ————————

3×8就是24，但现在还有一个3和一个8，要想把两个3和两个8都用上，难度很大。这道题只有一个办法，其思路是：

$$8 \times 3 = 24$$

$$\frac{8}{\frac{1}{3}} = 24$$

$$\frac{8}{3 - \frac{8}{3}} = 24$$

这样，就成了两个3和两个8。

还有一些算24点的题目，也要用到这个思路，比如：

1、3、4、6：$6 \div (1 - 3 \div 4) = 24$；

1、6、6、8：$6 \div (1 - 6 \div 8) = 24$；

1、4、5、6：$4 \div (1 - 5 \div 6) = 24$或$6 \div (5 \div 4 - 1) = 24$；

1、4、6、7：$4 \div (7 \div 6 - 1) = 24$；

1、3、7、8：$3 \div (1 - 7 \div 8) = 24$。

3 各用一次四则运算符号

5、6、7、8、9五个数字，各用一次+、−、×、÷号，可以用括号，算成24。

———————————————— 解　答 ————————————————

如果不限制各用一次+、−、×、÷号，非常好算，简单试一下，就可以很快算出：$5 \times 6 - 7 - 8 + 9 = 24$。但限制了各用一次+、−、×、÷号，就比较难了。此题关键是要看÷号怎么用。

可以发现，四个数的算式结果除以另一数算不成24。这样，我们要考虑把除法用在四个数的算式中，用其结果乘以24的因数6或8，看是否可以算成24。经过试验后，成功的算式是：

$$[7 + 9 \div (5 - 8)] \times 6 = 24$$

4 3个7算1

3个7，用四则运算和乘方开方，开方不能用$\sqrt{}$，算成1，有几种算法？

———————————————— 解　答 ————————————————

有三种算法：

$$7^{(7-7)} = 1$$

$$\left(\frac{7}{7}\right)^7 = 1$$

$$\sqrt[7]{\frac{7}{7}} = 1$$

5 4个4的系列运算

用4个4和一些运算符号及数学符号分别算成0~24共25组算式。

———————————————— 解　答 ————————————————

下面举一些例子，但答案不止这些。

0：$4 + 4 - 4 - 4 = 0$　　　　　　　　$4 \times 4 - 4 \times 4 = 0$

1：$4 \div 4 + 4 - 4 = 1$ $4 \times 4 \div 4 \div 4 = 1$

2：$4 \div 4 + 4 \div 4 = 2$ $4 \times 4 \div (4+4) = 2$

3：$(4+4+4) \div 4 = 3$ $4 - (4 \div 4)^4 = 3$

4：$4 - (4-4) \times 4 = 4$ $4 + (4-4)^4 = 4$

5：$(4 \times 4 + 4) \div 4 = 5$ $4 + 4^{(4-4)} = 5$

6：$4 + (4+4) \div 4 = 6$ $4 + 4 - 4 + \sqrt{4} = 6$

7：$4 + 4 - 4 \div 4 = 7$ $4 + \sqrt{4} + 4 \div 4 = 7$

8：$4 + 4 + 4 - 4 = 8$ $4 + 4 \times 4 \div 4 = 8$

9：$4 + 4 + 4 \div 4 = 9$ $4 \times \sqrt{4} + 4 \div 4 = 9$

10：$4 + 4 + 4 - \sqrt{4} = 10$ $(44 - 4) \div 4 = 10$

11：$44 \div (\sqrt{4} + \sqrt{4}) = 11$ $4! \div \sqrt{4} - 4 \div 4 = 11$

12：$(4 - 4 \div 4) \times 4 = 12$ $(44 + 4) \div 4 = 12$

13：$44 \div 4 + \sqrt{4} = 13$ $4! \div \sqrt{4} + 4 \div 4 = 13$

14：$4 + 4 + 4 + \sqrt{4} = 14$ $4 \times 4 - 4 + \sqrt{4} = 14$

15：$4 \times 4 - 4 \div 4 = 15$ $(44 \div 4) + 4 = 15$

16：$4 \times 4 + 4 - 4 = 16$ $4 \times 4 \times 4 \div 4 = 16$

17：$4 \times 4 + 4 \div 4 = 17$ $\sqrt{4^4} + 4 \div 4 = 17$

18：$4 \times 4 + 4 - \sqrt{4} = 18$ $4 \times 4 + 4 \div \sqrt{4} = 18$

19：$4! - 4 - 4 \div 4 = 19$ $4 \div \sqrt{4\%} - 4 \div 4 = 19$

20：$4 \times (4 + 4 \div 4) = 20$ $4 \times 4 + \sqrt{4} + \sqrt{4} = 20$

21：$(44 - \sqrt{4}) \div \sqrt{4} = 21$ $4! - 4 + 4 \div 4 = 21$

22：$4 \times 4 + 4 + \sqrt{4} = 22$ $4! + 4 - 4 - \sqrt{4} = 22$

23：$(44 + \sqrt{4}) \div \sqrt{4} = 23$ $4! - 4^{(4-4)} = 23$

24：$4 \times 4 + 4 + 4 = 24$ $4 \times (4 + 4 - \sqrt{4}) = 24$

第十八章　不列方程用高招

很多数学题，用列方程的算法能轻松算出来，但如果要求不能列方程，只用单纯的算术方法去解，有可能会比较难，往往要用到巧妙的思路。

第一节　头脚问题

头脚问题是指同在一处、脚数量不同的两种动物，已知头和脚的数量，求两种动物各有多少。我国古代就有的"鸡兔同笼"问题，就是典型的头脚问题。当然，头脚问题并不仅限于头脚数量不同的两种动物同在一处的问题，它的应用范围很广。

1 鸡兔同笼

鸡兔同笼不知数，

数头共有三十六，

数脚共有一百整，

问有多少鸡和兔。

———————— 解　答 ————————

解鸡兔同笼的基本方法是先假设全是兔或全是鸡，算应该有多少只脚，用少了或多了的脚数与应该的脚数相比较，算出鸡或兔的头数。然后，再用总头数减去鸡或兔的头数，算出兔或鸡的头数。

这道题，假设全是兔，脚数应该是头数乘以4，其积大于现有脚数，其原因是，鸡只有2只脚，给每只鸡多算了2只脚。所以，用头数乘以4之积减去脚数的差，除以2，就是鸡的头数。也可进一步形象地这样思考：假设每只鸡有4只脚，即给每只鸡装上2只假脚，这样，总共的脚数就是头数乘以4，真实的脚数肯定少了，少了的就是所有鸡的所有假脚。除以2，就是鸡的头数。

$$36 \times 4 - 100 = 44$$

$$44 \div 2 = 22$$

鸡有22只，那兔的头数就是：

$$36-22=14$$

也可以假设全是鸡，脚数应该是头数乘以2，其积小于现有脚数，其原因是，兔有4只脚，给每只兔少算了2只脚。所以，用脚数减去头数乘以2之积的差，除以2，就是兔的头数。也可进一步形象地这样思考：假设只算了每只兔的2只后脚，这样，总共的脚数就是头数乘以2，真实的脚数肯定多了，多了的就是所有兔的前脚。除以2，就是兔的头数。

$$100-36 \times 2=28$$

$$28 \div 2=14$$

兔有14只，那鸡的头数就是：

$$36-14=22$$

还有一种非常奇妙的思路，解这个问题更快捷。我们让所有的鸡抬起一只脚，让所有的兔抬起两只脚，这样，所有落地的脚就成了题目所给数字的一半。鸡的头数和其落地的脚数相同，兔的头数的2倍是其落地的脚数，所以，所有落地的脚数减去所有的头数，就等于减去了鸡唯一落地的脚和兔子落地的两只脚中的一只脚，现在，剩下的脚就是每只兔子落地的一只脚，而每只兔子一只脚的数量就是兔子的头数：

$$（100 \div 2）-36=14$$

那鸡的头数就是：

$$36-14=22$$

所以，有22只鸡，14只兔。

2 两种摩托车

车库中停着两种摩托车，一种是两轮摩托车，一种是三轮摩托车。现在知道这些摩托车共有24辆，共有52个轮子。请问，两种摩托车各有多少辆？

———————————— 解 答 ————————————

我们假设，把每辆摩托车上的轮子去掉两个，放到仓库外面，每辆两轮摩托车去掉两个轮子后，就没有轮子了；每辆三轮摩托车去掉两个轮子后，还会剩下一个。

仓库里面的轮子是三轮摩托车上的，每辆一个，那么，三轮摩托车就有：

$$52-24 \times 2=4辆$$

两轮摩托车就有：

$$24-4=20辆$$

所以，有20辆两轮摩托车，4辆三轮摩托车。

3 全醉的客人

有一个饭店卖两种酒，烈酒一瓶能喝醉三个人，薄酒三瓶能喝醉一个人。这天来了33名客人，喝了19瓶酒，结果全都喝醉了。请问这19瓶酒中，有多少瓶烈酒？有多少瓶薄酒？

———————————— 解　　答 ————————————

这道题用鸡兔同笼的解法可以这样算：

薄酒有：

$$（19\times3-33）\div（3-1\div3）=9瓶$$

烈酒有：

$$19-9=10瓶$$

所以，烈酒有10瓶，薄酒有9瓶。

第二节　盈亏问题

盈亏问题是指把一些人或物按不同的数量标准分配给人或物时，分别会产生一定的剩余或不足，据此，求出要把多少人或物分配给多少人或物。

简单的盈亏问题，分配的人或物的数量没有变化，其具体类型有全盈、全亏、一盈一亏三种类型，用不列方程的办法解起来很容易。先算分配给多少人或物，后算总共有多少人或物。算分配给多少人或物的方法是，用两次盈亏的差数除以两次每个单位分配的差额。两次盈亏的差数，全盈全亏的，以大减小；一盈一亏的，加在一起。算要分配的人或物的总数的方法是，用任意一次分配的数量乘以前一步算出来的人数或物数，再加上或减去盈亏的数量。盈余的加上，不足的减去。

复杂的盈亏问题，分配的人或物的数量会发生变化，解题的思路比较巧妙。

解决盈亏问题的方法，不是只能用来解决分配人或物的问题，还可以用在解决类似的一些其他问题上。

1 士兵背子弹

行军中，连队的士兵要背上全连的子弹。如果每名士兵背45发子弹，会多出680发；如果每名士兵背50发子弹，还会多出200发。请问，全连有多少士兵？有多少子弹？

———————————— 解　答 ————————————

第二次分配后剩余会少680-200=480发，这是因为每人多背了50-45=5发，那么，全连的士兵就有480÷5=96名。而子弹有50×96+200=5000发。

所以，全连有96名士兵，5000发子弹。

2 学生发笔

给班上的同学发笔，每人10支差90支；每人8支差10支。请问，有多少个学生？有多少支笔？

———————————— 解　答 ————————————

第二次分配后差的数量会变少90-10=80支，这是因为每人少分了10-8=2支，那么，班上的学生就有80÷2=40人。而笔有10×40-90=310支。

所以，有40个学生，310支笔。

3 小朋友分橘子

幼儿园的老师要给小朋友们分橘子，每个小朋友分5个会剩7个，每个小朋友分7个会少5个。请问，有多少个小朋友？有多少个橘子？

———————————— 解　答 ————————————

两次分配方案之所以会剩7个、少5个，相差12个，其原因是每个小朋友多分了7-5=2个，那么，就应该有12÷2=6个小朋友。而橘子有5×6+7=37个。

所以，有6个小朋友，37个橘子。

4 测井深

用一条绳子测井深，4折测超1尺5寸，5折测差5寸。请问，井多深？绳多长？

———————————— 解　答 ————————————

绳子5折后，比4折低了1.5+0.5=2尺，这就等于是4折时每折的2尺用了后，多出了1折，变成了5折，那么，5折时，每折就是2×4=8尺。5折离井面差了5寸，那么，井深就是8+0.5=8.5尺。而绳长就是（8.5+1.5）×4=40尺。

所以，井深是8.5尺，绳长是40尺。

5 买钢笔

欢欢和乐乐到文具店买钢笔，他们拿的钱不够，欢欢的钱差8元，乐乐的钱差6元；把二人的钱合起来买，也不够，还差2元。请问钢笔多少钱？二人各有多少钱？

———— 解　答 ————

为了帮助理解，我们画一个示意图，如图18-1所示。

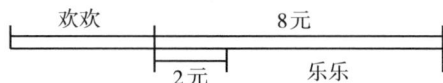

图18-1

欢欢差8元，这8元等于乐乐的钱再加上2元，因此，乐乐的钱是8-2=6元。乐乐的钱差6元，那么，钢笔就是6+6=12元。而欢欢的钱就是12-8=4元。

所以，钢笔是12元，欢欢有4元，乐乐有6元。

第三节　比较问题

比较问题是指容器或人所拥有的物品发生了一定量的变化，比较变化前后的情况，据此求出有关结果。

1 瓶子的重量

一瓶牛奶，瓶子和牛奶共重500克，喝掉一半牛奶后，瓶子和牛奶共重300克。请问，瓶子有多重？

———— 解　答 ————

根据题意，喝掉的一半牛奶是：

$$500-300=200克$$

那么，未喝前牛奶就是：

$$200×2=400克$$

所以，瓶子的重量是：

$$500-400=100克。$$

2 几本书

姐姐的书比妹妹多，姐姐给了妹妹4本书后，还比妹妹多4本。请问，原来姐姐比妹妹多几本书？

———— 解　答 ————

姐姐给了妹妹4本书，姐姐会少4本，妹妹会多4本，因此，姐姐比妹妹多的数量会减少4+4=8本，但这样，姐姐还比妹妹多4本，那原来姐姐就比妹妹多8+4=12本书。

3 货物的多少

甲车的货物比乙车多18吨，如果乙车给甲车12吨，那甲车的货物就是乙车的2倍。问，甲车和乙车分别有多少货物？

———— 解　答 ————

为帮助理解，可以画一个示意图，如图18-2所示。

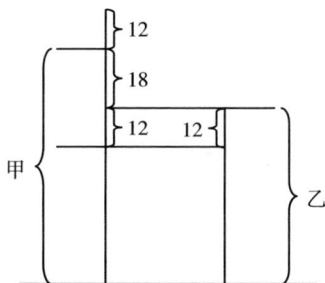

图18-2

甲车本来比乙车多18吨，乙车给甲车12吨后，甲车比乙车多了18+12+12=42吨。这恰好是乙车给甲车12吨后剩余的货物量，那么，乙车本来有货物42+12=54吨，甲车本来有货物54+18=72吨。

4 母子的年龄

妈妈比儿子大24岁，5年后，妈妈的年龄是儿子的3倍。请问，母子二人现在的年龄各是多大？

—— 解　答 ——

5年后，妈妈的年龄是儿子的3倍，那时，妈妈与儿子年龄的差距依然是24岁，所以24就是儿子年龄的2倍，即儿子的年龄是24÷2=12岁。

那么，儿子现在的年龄就是12-5=7岁，妈妈的年龄是7+24=31岁。

5 戴眼镜的同学

一群学生在玩，小吕看到戴眼镜的同学占1/3（不算小吕自己），小林看到戴眼镜的同学占1/4（不算小林自己）。请问，一共有多少名学生？其中几个戴眼镜？

—— 解　答 ——

小吕看到戴眼镜的同学占1/3，小林看到戴眼镜的同学占1/4，变少了，那说明小吕不戴眼镜，小林戴眼镜。之所以戴眼镜的人由1/3变成了1/4，少了1/3-1/4=1/12，就是因为在小吕看同学的时候有戴眼镜的小林，而小林看同学的时候有不戴眼镜的小吕，戴眼镜的小林变成了不戴眼镜的小吕，戴眼镜的同学少了1名，是少了1/12，那么，他们看到的同学就是12名，加上自己，就是12+1=13名。戴眼镜的有12×1/3=4名同学。

所以，一共有13名学生，其中4个戴眼镜。

第四节　行程问题

行程问题是指根据行驶的情况计算相关的路程、时间或速度。求解行驶方面的问题，无论是求路程、时间，还是速度，如果用列方程的办法，思路往往比较简单，很容易做出来，但如果限定不能列方程，那就要善于思考，有时还需要有巧妙的思路。

1 狗跑的路程

甲乙两人相距1000米，二人同时出发，相向而行。甲每分钟走60米，乙每

170

分钟走40米。甲带了一条狗，这条狗开始时与甲一起向前跑，它的速度是每分钟100米，当它遇到乙时，立即折回来跑向甲，再次遇见甲时又立即折回来再次跑向乙……就这样一直跑到甲乙相遇。请问，狗共跑了多少米？

—————————————— **解　答** ——————————————

要算狗每次在甲乙之间跑了多少米很麻烦，也不必要。要计算路程，知道速度和时间就行了，现在知道狗的速度是每分钟100米，那么还需要知道时间。时间是多少呢？就是甲乙二人相遇所花的时间。甲乙相遇所花时间是路程除以甲乙速度之和：

$$1000 \div （60+40）=10分钟$$

所以，狗跑的路程就是：

$$100 \times 10=1000米$$

这道题还可以这么想：反正狗与两个人用的时间一样多，而且速度是两个人之和，那么，两个人共走了多少路程，狗就跑了多少路程。两人共走了1000米，所以，狗就跑了1000米。

2 走路花的时间

某人坐飞机回家，原定家人开车准点来接，但飞机早到了1小时，而家中来接他的车出发时间未变。他为了能早回家，就沿路往回走，在途中遇上了接他的车。小车载其回家，结果比原预计到家的时间提前了20分钟。请问，他走路花了多少时间？

—————————————— **解　答** ——————————————

之所以比原预计时间提前了20分钟，那是由于节省了汽车没有跑到机场的那段路。也就是说，省出来的那段路，汽车跑一来回需要20分钟，即跑一趟需要20÷2=10分钟。也就是说，当汽车遇见他时，比原计划的时间提前了10分钟。由于飞机早到了1个小时即60分钟，因此，他走路花的时间应该就是：

$$60-10=50分钟$$

所以，他走路花了50分钟。

3 河水的流速

一位游客乘船逆流而上，在经过一座小桥时，帽子不小心掉到了河里，但当时他并未发现，等发现时已经过了3分钟。这时，小船立即掉头，追赶帽子。追赶上帽子的时候，他们离小桥300米。请问，河水的流速是多少？

———————— 解　答 ————————

帽子掉到水里后，顺水而下，和水流的速度相同。

船逆流而上时，相对于陆地来说，船速慢了，但相对于帽子来说，船速没有变化，因为船在远离帽子，水流使船减速多少，就会给帽子加多少。

船掉头追帽子顺流而下时，相对于陆地来说，船速快了，但相对于帽子来说，船速没有变化，因为船在追帽子，水流使船加速多少，就会给帽子加多少。

既然船的速度相对于帽子的没有变化，那么，我们以帽子为参照物，船逆行时离开了帽子多远，花了多长时间，顺行时在同样的距离，追上帽子就要花多长时间。题目告诉我们，船是离开帽子3分钟后掉头的，那么，船追上帽子也需要3分钟。也就是说，追上帽子的时候，帽子已经离开桥6分钟了。在6分钟时间里，帽子离开桥300米，那么，帽子顺水而流的速度就是300÷6=50米/分钟，这也就是河水的流速。

所以，河水的流速是50米/分钟。

4 两地的距离

甲从A地出发，乙从B地出发，相向而行。相遇时，距A地400米。相遇后，两人继续前进，甲至B地后折回，乙至A地后折回，再次相遇时，距B地300米。请问，AB两地的距离是多少？

———————— 解　答 ————————

为了便于理解，我们为二人走路的情况画一个示意图，如图18-3所示。

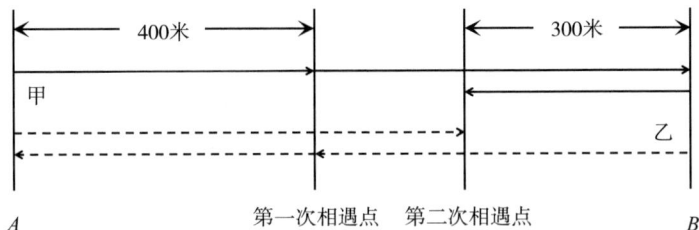

图18-3

第一次相遇时，两人共行了全程1次；第二次相遇时，两人共行了全程3次，因此，从开始到第二次相遇的时间是从开始到第一次相遇时间的3倍。第一次相遇时，甲行了400米，因此，至第二次相遇时，甲行了400×3=1200米。第二次相遇时，甲离B点有300米，也就是说，甲完成了一个全程又300米，那么，全程就应该是1200-300=900米。

第五节　进程问题

进程问题是指有关的进度情况。最典型的进程问题是工程的进度问题，有些关于消耗和花费的问题，道理与工程进度问题相似。

1　割草工人

一群割草工人割两片草地。大片草地的面积是小片草地面积的2倍。上午，所有人都在大片草地上割草。下午，一半人在大片草地上割，下工时刚好割完；另一半人在小片草地上割，下工时还有一些没有割完。第二天，一名工人花了一整天时间，把小片草地割完了。请问，共有多少名割草工人？

—————　**解　答**　—————

为了帮助理解，可以画一个示意图，如图18-4所示。

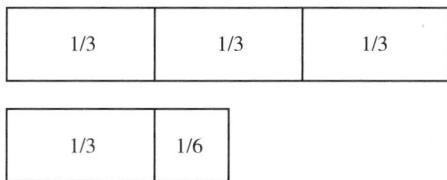

1/3	1/3	1/3

1/3	1/6

图18-4

上午全部工人加下午一半工人割完了大片草地，所以，一半工人半天能割大片草地的1/3。下午一半工人在割小片草地，那么，下午割的小片草地面积就是大片草地的1/3，剩余的就是大片草地的1/6。

第二天一名工人把剩余的小片草地割完了，即1名工人割大片草地的1/6需要一天，这样，半天割1/6草地就需要2名工人。

第一天所有工人半天割了2/3即4/6草地，那么，就需要半天割1/6草地的4倍工人，即4×2=8人。

所以，共有8名割草工人。

2 花钱

开学之初，甲乙两位同学拥有的饭票比例是2：3。甲每天花50元饭票，乙每天花60元饭票。当甲的饭票花完时，乙还有90元。问，开学之初二人各有多少钱饭票？

———————————— 解　答 ————————————

二人的饭票比例是2：3，因此，如果二人同时把钱花完，那么，在甲每天花50元的情况下，按照比例，乙每天应该花50×3/2=75元。现在乙每天花60元，少花了75-60=15元，即每天会余下15元。甲花完饭票时，乙剩余了90元，每天余15元，用了90÷15=6天。即甲把饭票花完、乙余90元，用了6天时间。

甲每天花50元，6天共花了50×6=300元。

乙每天花60元，6天花的钱和余下的90元共有60×6+90=450元。

检验一下，300：450=2：3，与他们开学之初二人的饭票比例相符。

所以，开学之初，甲有300元饭票，乙有450元饭票。

第十九章　巧思妙算解趣题

有一些数学趣题，解题思路非常巧妙。想到了巧妙的解法，看似很难的题目，也会迎刃而解。而有的题目，如果想不到巧妙的方法，有可能会解不出来。

第一节　容斥原理的运用

在计数时，为了使重叠部分不被重复计算，人们研究出了一种计数方法，这种方法的基本思想是：先不考虑重叠的情况，把包含于某内容中的所有对象的数目计算出来，然后把计数时重复计算的数目排斥出去，使计算的结果既无遗漏又无重复。这种计数的方法称为"容斥原理"。运用容斥原理解相关的智力题，思路会非常简洁。

1 参加兴趣小组的人数

一个班上有32名学生，他们参加了语文、数学、逻辑兴趣小组中的一个或两个。现在知道有25人参加了语文兴趣小组，有20人参加了数学兴趣小组，有12人参加了逻辑兴趣小组，有5人同时参加了语文和逻辑兴趣小组，有5人同时参加了数学和逻辑兴趣小组。请问，同时参加语文和数学兴趣小组的同学有多少人？

———— 解　　答 ————

参加各兴趣小组的情况如图19-1所示。

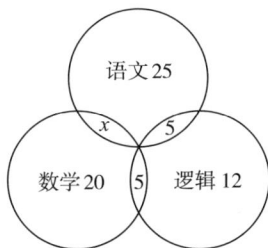

图19-1

设同时参加语文和数学兴趣小组的同学有x人，那么有：

$$25+20+12-5-5-x=32$$

求出x=15。

所以，同时参加语文和数学兴趣小组的同学有15人。

2 不能被2、3、5整除的数

1~100的自然数中，既不能被2整除，又不能被3整除，还不能被5整除的数有多少个？

———— 解　　答 ————

在1~100的自然数中，

能被2整除的数有100÷2取整等于50个；

能被3整除的数有100÷3取整等于33个；

能被5整除的数有100÷5取整等于20个；

能同时被2和3整除的数有100÷（2×3）=100÷6取整等于16个；

能同时被2和5整除的数有100÷（2×5）=100÷10取整等于10个；

能同时被3和5整除的数有100÷（3×5）=100÷15取整等于6个；

能同时被2、3、5整除的数有100÷（2×3×5）=100÷30取整等于3个。

为1~100中能被各数整除的数的情况画一个图，如图19-2所示。

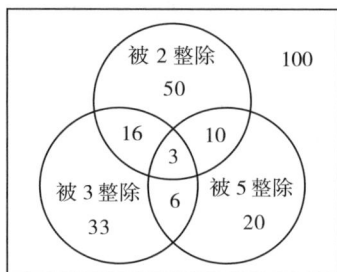

图19-2

所以，能被2、3、5整除的数就有：

$$（50+33+20）-（16+10+6）+3=74个$$

既不能被2整除，也不能被3整除，还不能被5整除的数就有：

$$100-74=26个$$

3 面积和

如图19-3所示，直角三角形ABC，AB长为12，BC长为16，以AB、BC为直径画半圆，两个半圆的交点D在AC边上。求阴影部分的面积。

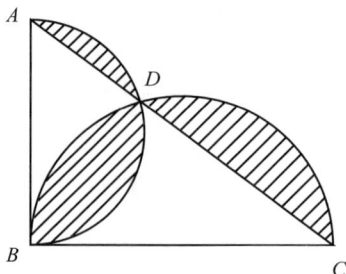

图19-3

—————————— 解　答 ——————————

把图中不同的部分用字母表示出来，如图19-4所示。

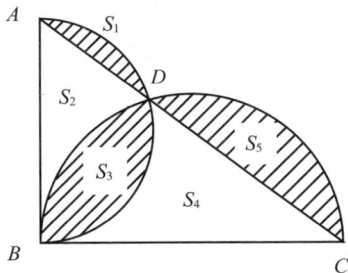

图19-4

$$S_1+S_2+S_3=\text{以}AB\text{为直径的半圆面积}$$

$$S_3+S_4+S_5=\text{以}BC\text{为直径的半圆面积}$$

$$S_2+S_3+S_4=\text{直角三角形}ABC\text{的面积}$$

因此，阴影部分的面积之和就是：

$$S_1+S_3+S_5=（S_1+S_2+S_3）+（S_3+S_4+S_5）-（S_2+S_3+S_4）$$

$$=\frac{1}{2}\pi\times\left(\frac{12}{2}\right)^2+\frac{1}{2}\pi\times\left(\frac{16}{2}\right)^2-\frac{1}{2}(12\times16)$$

$$=50\pi-96$$

$$\approx61$$

所以，阴影部分的面积约为61。

4　三角形内阴影部分的面积

如图19-5所示，等腰直角三角形的腰长是4，分别以一条直角边为半径、一条直条边为直径作圆。请问，两个圆在三角形内相交的部分面积是多少？

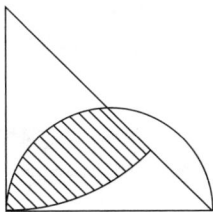

图19-5

解　答

通过观察可以发现，阴影部分只与三角形上面的空白部分形成了扇形，但与三角形下面的空白部分没有形成可以直接求出的几何图形，因此，无法直接用容斥原理求出。

其实，添加一条辅助线，问题就迎刃而解了。

如图19-6所示，连接小圆与斜边的交点到圆心，显然，这条线是半径，与直径垂直。

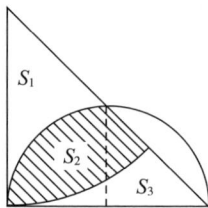

图19-6

把三角形内的上下两个空白部分和一个阴影部分分别标记为S_1、S_3、S_2。有：

$$S_1 + S_2 = \frac{1}{8}\pi \times 4^2$$

$$S_2 + S_3 = \frac{1}{4}\pi\left(\frac{4}{2}\right)^2 + \frac{4}{2} \times \frac{4}{2} \div 2$$

把上二式相加：

$$S_1 + S_2 + S_2 + S_3 = \frac{1}{8}\pi \times 4^2 + \frac{1}{4}\pi \times 2^2 + 2 \times 2 \div 2 = 3\pi + 2$$

三角形的面积为：

$$S_1 + S_2 + S_3 = 4 \times 4 \div 2 = 8$$

把上两式相减：

$$\left(S_1 + S_2 + S_2 + S_3\right) - \left(S_1 + S_2 + S_3\right) = 3\pi + 2 - 8$$

$$S_2 = 3\pi - 6 \approx 3.42$$

所以，三角形内阴影部分的面积约为3.42。

第二节　正整数值的解法

有的二元或多元一次方程，所给条件不足，但能确定解是正整数。解这类方程，有一个基本方法，那就是，先化简，缩小解的范围，使解符合一定的条件，然后通过试错的办法，解出方程。有时，化简后，解的范围很小，能很快找到符合条件的值。

解这类方程时，要注意两点。一是化简非常重要，化简得好，能很快找到方程的解，所以要善于化简，尽量缩小解的范围，找出解的简明规律。二是这类方程的解有时不止一个，所以，找到一个解后，不能认为就把方程完全解出来了，还要看有没有其他解，要找到所有的解才行。

1 三批醉客

一桌客人来饭店喝酒。先上了一瓶酒，各人平分。喝完这一瓶后，有几个人醉了。再上了一瓶，清醒的人平分，喝完这一瓶后，又有人醉了。又上了一瓶，清醒的人平分，喝完这一瓶后，剩下的人全醉了。最后醉的人，每人喝的酒刚好是一瓶。请问，共有几名客人？三瓶各是几人平分的？每次各醉了几人？

――――――――――――― 解　答 ―――――――――――――

假设第一瓶是 x 人平分，即共有客人 x 名；第二瓶是 y 人平分；第三瓶是 z 人平分。根据最后醉的人喝的酒刚好是一瓶，有：

$$\frac{1}{x}+\frac{1}{y}+\frac{1}{z}=1$$

由于 $x>y>z$，所以：

$$\frac{1}{x}<\frac{1}{y}<\frac{1}{z}$$

而：

$$\frac{1}{3}+\frac{1}{3}+\frac{1}{3}=1$$

所以：

$$\frac{1}{z}>\frac{1}{3}$$

$$z<3$$

也就是说，最后一批客人小于3、大于1，那 z 就只能是2。这样，就有：

$$\frac{1}{x} + \frac{1}{y} + \frac{1}{2} = 1$$

上式可以化成：

$$x = 2 + \frac{4}{y-2}$$

由于x和y都是整数，因此，（y–2）只可能是1、2、4。

当（y–2）=1时，y=3，求出x=6；

当（y–2）=2时，y=4，求出x=4；

当（y–2）=4时，y=6，求出x=3。

因为x＞y，所以，只有y=3，x=6成立，把x=6，y=3，z=2代入：

$$\frac{1}{x} + \frac{1}{y} + \frac{1}{z} = 1$$

就是：

$$\frac{1}{6} + \frac{1}{3} + \frac{1}{2} = 1$$

等式成立。

所以，共有6名客人，第一瓶酒是6人平分，喝醉了3人；第二瓶酒是3人平分，喝醉了1人；第三瓶酒是2人平分，喝醉了2人。

2 买烟卷

这是80年代初在陕西关中一带流行的一道智力题，我在12岁，上初中一年级时就解过这道题。1985年6月初的麦熟季节，上初中一年级的我在放忙假。在麦场里的空闲时间，二叔给我出了这道题，说这道题很难，做出来有奖励。我受到挑战和鼓舞，当时就回家拿出纸笔，很快解了出来。

甲牌香烟每包1角9分钱，乙牌香烟每包9分钱。这两种烟都是每包20支装，在烟摊上可以拆包零卖。现在有2角钱，买这两种烟，不许四舍五入，请问，恰好能买多少根甲牌烟和多少根乙牌烟？

———————————————— 解　　答 ————————————————

设能买x根甲牌烟，y根乙牌烟。则：

$$\frac{19}{20}x + \frac{9}{20}y = 20$$

即：

$$19x + 9y = 400$$

由于x和y都是正数，因此，

$$x \leqslant 21\frac{1}{19}$$

$$y \leqslant 44\frac{4}{9}$$

方程到此就可以用试错法从$x=1$或$y=1$开始试起，找正整数解。但是，即使从较小的数字范围x开始试，也须从1试到21，要21次。其实，还有更好的办法可以更快地解出方程。

$19x + 9y = 400$可以化成y的表达式：

$$y = \frac{400-19x}{9} = 44 + \frac{4-19x}{9}$$

当然，也可以化成x的表达式$x = \frac{400-9y}{19}$，但用系数小的作分母，更容易计算。

$\frac{4-19x}{9}$为整数（可以是负数）。

下面我们进一步化简：

$$\frac{4-19x}{9} = \frac{4}{9} - \left(2 + \frac{1}{9}\right)x = -2x + \frac{4}{9} - \frac{x}{9} = -2x + \frac{4-x}{9}$$

那么，y就可以化为：

$$y = \frac{400-19x}{9} = 44 - 2x + \frac{4-x}{9}$$

y和x要取正整数解，$\frac{4-x}{9}$必为整数。设$\frac{4-x}{9}=n$（n为整数），则：

$$x = 4 - 9n$$

因为$x \leqslant 21\frac{1}{19}$，所以只能有两个解，即：

$$x_1 = 4 - 9 \times 0 = 4$$

$$x_2=4-9\times(-1)=13$$

相应的y解是：

$$y_1=44-2\times4+\frac{4-4}{9}=36$$

$$y_2=44-2\times13+\frac{4-13}{9}=17$$

这样，方程的解就是：

$$\begin{cases}x_1=4\\y_1=36\end{cases}或\begin{cases}x_2=13\\y_2=17\end{cases}$$

所以，恰好可以买4根甲牌烟和36根乙牌烟，或者买13根甲牌烟和17根乙牌烟。

第三节　巧妙非凡的思路

有的题目，如果用传统的方法计算，计算量会很大，而且容易出错，而如果创新方法，运用巧妙非凡的思路，则有可能很容易就计算出结果，而且不易出错。

1 所有数的数字之和

从1到20，所有数的每一位数字相加，是1+2+3+4+5+6+7+8+9+1+0+1+1+1+2+1+3+1+4+1+5+1+6+1+7+1+8+1+9+2+0=102。请问，从1到10000，共10000个数，把这些数的每一位数字相加，和是多少？

───── 解　答 ─────

我们给这10000个数字再添一个0，然后，把10000独立出来，让0到9999这10000个数字从小到大结成5000对。因为每一对的数相加都是9999，所以：

$$\begin{aligned}A\,B\,C\,D\\+E\,F\,G\,H\\\hline 9\,9\,9\,9\end{aligned}$$

因此，各对的两个数的每一位数字之和都是9+9+9+9=36。例如：

0和9999：0+9+9+9+9=36；

1和9998：1+9+9+9+8=36；

4999和5000：4+9+9+9+5+0+0+0=36。

这5000对数中所有数的每一位数字之和是：

$$36 \times 5000=180000$$

10000的各位数字之和明显是1。因此，从1到10000，所有数的每一位数字之和就是：

$$180000+1=180001$$

2 加数不断减半的算式

$$\frac{1}{2}+\frac{1}{4}+\frac{1}{8}+\frac{1}{16}+\frac{1}{32}+\frac{1}{64}+\frac{1}{128}+\frac{1}{256}+\frac{1}{512}+\frac{1}{1024}=$$

———— 解　答 ————

如图19-7所示，假设有一个正方形，它的面积是1，把它分割成两等份，每一份就是1/2。然后，再把其中的一半分割成两等份。如此不断分割下去，直至分到1/1024。

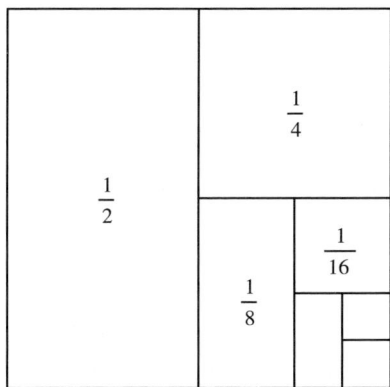

图19-7

这样分下去，一个正方形，最后会剩下右下角的一块面积，这块面积是1/1024，因此：

$$\frac{1}{2}+\frac{1}{4}+\frac{1}{8}+\frac{1}{16}+\frac{1}{32}+\frac{1}{64}+\frac{1}{128}+\frac{1}{256}+\frac{1}{512}+\frac{1}{1024}$$

$$=1-\frac{1}{1024}=\frac{1023}{1024}$$

3 分鱼

10位渔民打了一船鱼。分鱼时,第一位渔民分到了总数的一半加半条,第二位渔民分到了剩下的一半加半条,以此类推,第十位渔民还是分到了剩下的一半加半条,结果刚好把鱼分完,而且十位渔民分得的鱼都是整条。请问,这船鱼最少有多少条?

—— **解　答** ——

按照题目所述的分鱼规则,前面每人分到的鱼比剩下的鱼多1条。因为,把当前的鱼分一半后,渔民拿到了一半加剩下一半中的半条,他拿走的比一半多半条,剩下的比一半少半条,所以,他分到的比剩下的多1条。

如果给这船鱼暂时加上1条虚幻鱼,每次都把虚幻鱼留给未分的那部分,那么,每次就都是刚好分一半,且鱼是整数。

由于所有人分到的都是整数条鱼,因此,最后一位渔民最少分到了1条鱼。在不加入虚幻鱼的情况下,可以理解为剩下1条鱼的一半即半条鱼,再加上半条鱼,刚好是1条。在加入虚幻鱼的情况下,可以理解为剩下的两条鱼中分到了一半即1条鱼,余下1条虚幻鱼。

加入1条虚幻鱼后,每人都会分到一半,那就是一个数字不断除以2,能连续被除以10次。反过来说,这些鱼有$2^{10}=1024$条。由于其中有1条虚幻鱼,因此,实际鱼数就是$1024-1=1023$条。

4 带有油漆的正立方体

有10个不同型号的正立方体,棱长分别是1、3、5、7、9、11、13、15、17、19。现在把每个立方体的各个面都漆上油漆,漆完之后,再把棱长超过1的立方体切成棱长为1的立方体。请问,带油漆的立方体有多少个?

—— **解　答** ——

大立方体切成小立方体后,只有拥有原立方体表面的1单位厚的小立方体才有油漆。我们把棱长为3的立方体切完后没有油漆的立方体掏出来,那它的大小就是棱长为1的立方体。我们再把有油漆的棱长为1的立方体填进去,那这个棱长为3的立方体切成小立方体后,就全都带有油漆了。以此类推,棱长为19的立方体中,里面逐层填有带油漆的立方体的棱长分别为17、15、13、11、9、7、5、

3、1，等于把棱长为19的立方体切成棱长为1的小立方体后，全都带有油漆。那这样，带油漆的小立方体的数量就是19×19×19=6859个。

第二十章　解决问题寻方案

理论源于实践，要为实践服务，数学最终也是为实践服务的。现实生活中一些解决起来很不容易甚至非常困难的问题，其解决方案充满了智慧，是非常好的智力题。

第一节　选取最佳定量

将若干物品，按照一定的方法分成不同的定量，这些定量能组合成尽可能多的不同数量，则这样的定量配置既科学，又有趣。如果要求的情况简单，选取定量会比较容易；如果要求的情况复杂，选取定量可能会很难。

1　七环银链

在古代，有一位财主雇了一名长工，说好到年底给长工七个银环作为工钱。到了年底，长工讨要工钱，财主不想给，他拿出了一条如图20-1所示的环环相套的银环链子，告诉长工：你只准砸开其中的一个环，要保证第一天你拿走1个，给我留6个；第二天你拿走2个，给我留5个；第三天你拿走3个，给我留4个；第四天你拿走4个，给我留3个；第五天你拿走5个，给我留2个；第六天你拿走6个，给我留1个；第七天你全部拿完。如果你做不到，那就别怪我不给你这些银环。请问，长工应该砸开哪个银环，如何取走这串银链？

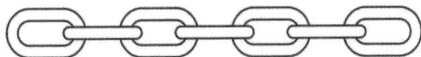

图20-1

───────────── 解　答 ─────────────

简单分析一下，就会发现：砸第一个和第四个明显不行，第二天就没有办法拿了；砸第二个也不行，虽然前两天可以按要求拿，但第三天就没有办法拿了；只有砸第三个能行。

砸开第三个银环以后，第一部分有2个银环，是第一、第二个；第二部分有1个银环，是第三个；第三部分有四个银环，是第四、第五、第六、第七个。

各天拿走和留下的银环情况如下：

第一天把第三个银环拿走，剩下第一、第二个和第四、第五、第六、第七个，拿走了1个，剩下了6个；

第二天把第三个银环拿来放下，拿走第一、第二个，剩下第三个和第四、第五、第六、第七个，拿走了2个，剩下了5个；

第三天拿走第三个银环，剩下第四、第五、第六、第七个，拿走了3个，剩下了4个；

第四天把第一、第二个和第三个银环拿来放下，拿走第四、第五、第六、第七个，剩下第一、第二个和第三个，拿走了4个，剩下了3个；

第五天把第三个银环拿走，剩下第一、第二个，共2个银环，拿走了5个，剩下了2个；

第六天把第三个银环拿来放下，拿走第一、第二个，剩下第三个，拿走了6个，剩下了1个；

第七天把第三个银环拿走，拿走了7个。至此，就全部拿走了这串银链。

此题核心是要把七环银链分成三部分，各部分的银环分别是1、2、4个。

② 环环相套的数量

有一串环环相套的链子，可以砸开其中的两个环，要求能取走任意不同数量的环。请问，这串链子最多可以有多少个环？砸开的应该是第几个和第几个？

───────────── 解　答 ─────────────

砸开两个环，可以把这串链子分成两个单环和三段连在一起的环。

两个单环能满足任意取1至2个环，所以，三段中最少的一段应该是3个环。

两个单环和一段3个连在一起的环是5个环，能满足任意取1至5个环，所以，另两段中较少的一段应该是6个环。

两个单环和两段分别是3个、6个连在一起的环是11个环，能满足任意取1至11个环，所以，最长的一段应该是12个环。

按照上述分析，这串链子最多可以有1+1+3+6+12=23个环。砸的环要把其他三段分成3个环、6个环、12个环，具体砸第几个环，可以有多种选择。

3 精明的老板

某食品店的老板很精明，他把255块糖分成了8包，无论顾客要255块之内的多少块，他都能拿起其中几包给顾客而不用拆包。你知道他是怎样分这8包糖的吗？

—————— 解　答 ——————

他在各包中分别放了1、2、4、8、16、32、64、128块糖。这样，无论顾客要255块之内的多少块，他都能拿起其中的几包，使这些包中的糖数之和为顾客所要的糖数。

4 造砝码

一个天平商为了节省造砝码的开支，只给天平配了最少的砝码。你知道这个天平商所设计砝码的大小是怎么样的吗？

—————— 解　答 ——————

首先应该有最小单位的砝码，质量为1，以用来称质量为1的物品。

当需要称质量为2的物品时，因为可以在两边放砝码，一边放质量为1的砝码和质量为2的物品，另一边放质量为3的砝码，所以，他造出的第二个砝码只要是3就行了。这时，砝码质量和是4，可以称1至4内的任何物品。

按照上面的方法，当需要称质量为5的物品时，他可以造出质量为9的砝码。1+3+9=13，1、3、9这三个砝码可以称13内的任何物品。

根据上述思路，他要再依次造出的砝码质量分别为27，81，…，3^n。

所以，天平商造出的砝码质量是3的0~n次方——1，3，9，27，…，3^n。

第二节　分辨形同异类

有些只是重量稍有差异的不同规格的物品，其外形完全相同，要想分辨出来，只能用称重的办法。如何称重，才能用尽可能少的次数解决问题，需要开动脑筋，想出好办法。

1 找表壳

香港一位手表商人去瑞士购买十箱全钢表壳。当他正要把货物运上飞机时，瑞士商人又送来了一箱表壳，并连忙道歉说：因为装货的失误，十箱表壳中有一箱错装成了半钢表壳，刚刚发现这个问题，所以赶来为港商换货。由于表壳的外表完全一样，因此，只能用天平称表壳重量的办法来判断。已知半钢表壳重9克，全钢表壳重10克，用天平称重的办法完全能找出哪箱是半钢表壳。但是，机场的天平非常繁忙，只允许他们称一次。请问，他们仅用一次天平能找出来那箱半钢表壳吗？

————————— 解　　答 —————————

因为只准称一次，所以，要通过这一次称重的结果与全钢表壳的差来判断出半钢表壳是哪一箱。这样的话，如果每箱取出的表壳数量相同，或者有两箱中的表壳数量相同，比如有两箱各取了1个，当天平称的结果比全钢表壳少1克时，那将无法判断半钢表壳是哪一箱。所以，要从各箱中选出各不相同的数量来称表壳。比如，用下面的方法就可以。

先把各箱暂时编上号，分别为1~10号箱子。从第一箱中取出1个表壳，如果它是那唯一的一箱半钢表壳，那么，质量就要比皆是全钢表壳正好少1克；从第二箱中取出2个表壳，如果它是那唯一的一箱半钢表壳，那么，质量就要比皆是全钢表壳正好少2克；从第三箱中取出3个表壳，如果它是那唯一的一箱半钢表壳，那么，质量就要比皆是全钢表壳正好少3克……从第九箱中取出9个表壳，如果它是那唯一的一箱半钢表壳，那么，质量就要比皆是全钢表壳正好少9克；从第十箱中取出10个表壳，如果它是那唯一的一箱半钢表壳，那么，质量就要比皆是全钢表壳正好少10克。这样，从各箱中共取出55个表壳，把这55个表壳放在天平上称量，如果它们全是全钢的，那应该是550克。现在就看结果与550克相差几克，差几克，第几箱就是半钢表壳。

再分析一遍原因：因为只有一箱是半钢的，如果差a克，就说明有a个表壳各差了1克，这a个表壳只能是同一箱中的半钢表壳，即9克重的表壳。因为我们从第a箱中拿出了a个表壳，所以只能是因为第a箱的表壳是半钢表壳而造成了差a

克。例如：如果差6克，因为只有一箱表壳是半钢的，所以只能是因为第六箱的6个表壳各差了1克从而造成共差了6克。

另外，如果天平的量程只有450克，也可以选出半钢的表壳来，只要把从第十箱中取出10个表壳改为不取就行了。其道理也很简单。

2 找假币

金店收了十袋金币，每袋装有100枚。已知这十袋金币中，有八袋是纯金的真币，每枚重100克，有两袋是掺了银子的假币，每枚重99克。真币和假币从外表上看不出来。现在有一架天平，如何称一次就把它们区分开来？

――――――――――――― **解 答** ―――――――――――――

每枚99克的假币比每枚100克的真币少1克，因此，要从各袋中取出一些特定的不同数量，使称出来的结果与真币的差只能是其中的特定两袋金币数量造成的差之和。按照斐波那契数列的办法取金币，就可以。

给各袋编上号，依次从各袋中取出斐波那契数列的枚数，即1、2、3、5、8、13、21、34、55、89枚，放在天平上称一次就行了。

如果这些金币都是100克，那么，共有100×231=23100克。由于有两袋是99克的，因此，会比23100克少一些。少的克数，就是假币的数量，而这个数量只能是斐波那契数列中的特定两项之和，这两项数字的金币是从哪两袋取出的，哪两袋就是假币。

3 找陶瓷碗

陶器批发商有两种外表相同的陶瓷小碗，一种重100克，一种重110克。一天，有两家商场要货，一家要120个100克的小碗，一家要90个110克的小碗。老板让工人按每箱30个的标准装箱，100克的装四箱，110克的装三箱，并在箱子外面标注上小碗的型号。结果工人光顾着装货，忘记了在箱子外面标注型号。当送货员送到第一家商场后，才发现这七个箱子外面都没有标注型号。为了尽快分清两种小碗，送货员想了一个很好的办法，他利用商场的电子秤，只称了一次，就准确地分清了两种型号的小碗各是哪几箱。请问，他采取的是什么办法？最少需要称多少个小碗？

—————————— 解　答 ——————————

110克的小碗是三箱，比100克的小碗少，那我们就找110的小碗。要用称重的办法找出三箱110克的小碗，各箱取出的小碗数量必须满足这样的条件：算出的110克规格的数量只能是某三箱取出小碗的数量之和。按照这一要求，要从各箱中拿出的小碗个数就是：0、1、2、4、7、13、24，共51个。也就是说，他最少需要称51个小碗。

4 一个镀金的银环

有81个外表一模一样的金属环，其中80个是金环，只有1个稍轻一点的是镀金银环。现在，让你利用一架准确的天平，最少称多少次能保证找出这个银环，你该怎样称？

—————————— 解　答 ——————————

先把81个环分成三等份，每份27个。把其中的两份放在天平上比试：如果有一边轻，那银环肯定就在这一份中；如果两边一样重，那是因为它们两份中都没有银环，银环肯定在未放于天平上的那份中。这样，我们就把银环的范围缩小到了27个之内。这是第一次用天平。

再把有银环的那27个环分成三等份，每份9个，用同样的办法可以把银环的范围缩小到9个之内。这是第二次用天平。

再把有银环的那9个环分成三等份，每份3个，用同样的办法可以把银环的范围缩小到3个之内。这是第三次用天平。

再把有银环的那3个环分成三份，每份1个，用同样的办法可以确定出银环是哪一个。这是第四次用天平。

所以，称四次就可以找出银环。

5 十二个小球

有12个小球，外观一模一样，但有一个小球的重量与其他小球不同，而且也不知道这个异常的小球是轻还是重。现在有一架天平，要求只称量3次，就找出那个重量不同的球，并且要知道这个球是轻还是重。请问，如何称？

解 答

由于只能称三次，所以要最有效地利用天平。先把球分成三组，然后随机选出两组称。

我们把12个球编号分组：

A组是：1、2、3、4，

B组是：5、6、7、8，

C组是：9、10、11、12。

第一次用天平：随机选两组，比如选A组和B组，放在天平上称。结果有两种可能，一是平衡，二是不平衡。

（1）第一次称平衡，那说明异常球在C组。

第二次用天平：一边放3个正常球，一边放9、10、11号球。结果有两种可能，一是平衡，二是不平衡。

①如果平衡，那12号就是异常球。

第三次用天平：一边放1个正常球，一边放12号球，就知道12球的轻重。

②如果不平衡，那说明异常球在9、10、11号中。不平衡时，如果9、10、11号这边轻，那异常球就轻；如果9、10、11号这边重，那异常球就重。

第三次用天平：称9号和10号。结果有两种可能，一是平衡，二是不平衡。

如果平衡，那11号就是异常球，其轻重就是第二次称时的轻重情况。

如果不平衡，因为第二次称的时候已经判断出了异常球是轻还是重，那么，根据这一次称的轻重情况，就能判断出哪个球是异常球及其轻重。

（2）第一次称不平衡，那说明C组是正常球，异常球在A组或B组。

第一次称时，无论哪一组重，道理都一样，我们假设A组重。

第二次用天平：一边放5号球和3个正常球，一边放1、6、7、8号球。结果有三种可能，一是平衡，二是5号球和3个正常球这边重，三是1、6、7、8号球这边重。

①如果平衡，那说明异常球在2、3、4号中，且为重球。

第三次用天平：称2号和3号。结果有两种可能，一是平衡，二是不平衡。

如果平衡，那4号就是异常球，且为重球。

如果不平衡，哪个球重，哪个就是异常球。

②如果5号球和3个正常球这边重，那说明异常球在6、7、8号中，且为轻球。

第三次用天平：称6号和7号。结果有两种可能，一是平衡，二是不平衡。

如果平衡，那8号就是异常球，且为轻球。

如果不平衡，哪个球轻，哪个就是异常球。

③如果1、6、7、8号球这边重，那说明1号球比5号重，但不知异常球为哪一个。

第三次用天平：一边放1个正常球，一边放1号。结果有两种可能，一是平衡，二是不平衡。

如果平衡，那5号就是异常球，且为轻球。

如果不平衡，那必定是1号球重，是异常球。

第三节　实现最高效率

效率是人们在办事时追求的重要目标，在关键时候，能否达到一定的效率，决定了事情的成败。本节的问题都是在已有资源的前提下，制定出最优策略，以实现最高效率。

1　不能带人的自行车

2005年秋，文吉和敬彦在西安参加一个培训班。文吉家住在西安，离培训班大约5公里路程。一天，二人去文吉家打印资料，当时的交通工具只有一辆自行车，但由于自行车没有后座架，无法带人，因此，只能供一个人骑行。另外，为了节省路程，文吉选了步行和骑自行车都可以走的近路、小路，但敬彦不认识路，必须有文吉一路指引才行。为了尽快赶路，文吉和敬彦想到了一个好办法，节省了不少时间。你知道这个办法是什么吗？假设文吉和敬彦步行的速度相同，当骑自行车的速度是步行的n倍时，用这个办法节省的时间占全程步行时间的比例是多大？当骑自行车的速度是步行的3倍时，用这个办法能节省几分之一的时间？

———— 解　答 ————

二人如果同时步行，就没有发挥自行车的作用，但由于这辆自行车不能带人，只能一个人骑，因此，可以采取二人轮流步行、骑车的办法。即二人同时出发，一人骑自行车，一人步行，骑自行车的人先骑一段路程，在对方能看见的情况下，放下自行车步行。后面的人走到自行车处后，骑上自行车，然后，超过前面的人一段距离，在对方能看见的情况下，放下自行车步行……二人不断如此交替使用自行车，最后同时到达终点。

我们计算一下在一个单位距离内二人所花时间与步行的对比情况。

为方便理解，我们画一个示意图，如图20-2所示。

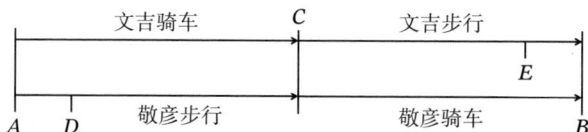

图20-2

从A地到B地，文吉先骑车，敬彦暂时步行，二人同时从A地出发。文吉骑到中点C处时，敬彦走到D处。文吉在C处放下自行车，这时二人都在步行，敬彦从D处步行至C处，文吉从C处步行至E处，$DC=CE$。敬彦走到C处骑上自行车，骑到B处，这个阶段，文吉从E处步行到B处。因为$CB=AC$，所以$EB=AD$。也就是说，在一个单位时间内，二人骑车与步行的时间各自是相等的。

二人在AB区间，各自骑车和步行的路程都是一半，假设骑车的速度是步行的n倍，采用文吉和敬彦的办法所花时间和全程步行所花的时间相比较就是：

$$\frac{\dfrac{AB}{2}}{步速}+\dfrac{\dfrac{AB}{2}}{骑速}}{\dfrac{AB}{步速}}=\frac{\dfrac{AB}{2}\left(\dfrac{1}{步速}+\dfrac{1}{n\times步速}\right)}{\dfrac{AB}{步速}}=\frac{\dfrac{AB}{2}\times\dfrac{n+1}{n\times步速}}{\dfrac{AB}{步速}}=\frac{n+1}{2n}$$

能节省的时间占全程步行的时间就是：

$$1-\frac{n+1}{2n}=\frac{n-1}{2n}$$

当$n=3$时：

$$\frac{n-1}{2n}=\frac{2}{6}=\frac{1}{3}$$

即能节省1/3的时间。

这样做，无论要走的路程有多长，能节省的时间比例都不变。文吉和敬彦想到的办法就是，一人先骑自行车，骑几十米后下车，把自行车放在路边，然后步行，待后面的人走到自行车跟前时，上车骑行，不断交替使用自行车。由于自行车始终在几十米内，所以一路上文吉都可以带路、指路，而且，由于自行车始终离二人不远，因此既不怕看不见，也不怕有人偷。

用这个办法，当骑自行车的速度是步行的n倍时，能节省（n–1）/2n的时间。当骑自行车的速度是步行的3倍时，能节省1/3的时间。

2 沙漠探险

探险队有两辆沙漠专用越野卡车。这种车除油箱外，还可以装35桶油，每个油桶的容积和油箱的容积相同。每箱油可供一辆车在沙漠中行驶100公里。现在他们从大本营出发，把油箱和油桶全部装满。假设两辆车可以互相换油，请问，在确保两辆车都能返回的情况下，最多可以行驶多远？

────────────── 解　答 ──────────────

要想行驶得最远，必然得执行这个方案：两辆车同时出发，行驶到某一地点，甲车给乙车分油，使乙车的油箱和油桶全部满油。之后，乙车单独出发并返回到送油的地点，这时消耗完了所有的油，甲车再给乙车分油，然后两车返回。

乙车在某个地方满油和装满油桶，要返回这个地方，需要两趟，那这两趟需要消耗的油就是乙车的全部油。乙车出发时满油，返回时空油，即消耗了乙车的满油量。乙车满油时共有36桶油，那从这个地点开始最远能行驶消耗36÷2=18桶油的路程。

两车既要从大本营开到分油的地点，又要返回到大本营，这样的话，就是四趟。到分油地点之后，乙车单独出发并返回消耗了一辆车的满油，那在这四趟中，两辆车需要消耗的油就是一辆车的满油。一辆车满油有36桶，那到这个地点就消耗了36÷4=9桶油。

可见，当行驶距离最远时，单趟消耗18+9=27桶油。每桶油能供车行驶100公里，那最远就能行驶100×27=2700公里。

所以，在确保两辆车都能返回的情况下，最多可以行驶2700公里。

第四节　付出最小代价

要做成一件事情，必须付出一定的代价，人们通常希望付出最小的代价完成任务。本节研究的智力题就是，即使出现最不利的情况，也要确保完成任务，在这个前提下，如何做付出的代价最小。

1 电梯停靠的楼层

某百货公司准备新建两栋商场大楼，一栋是7层，另一栋是8层。两栋商场大楼中，各自都要安装一些直升电梯。为提高运行效率，方便顾客，除所有电梯皆须停一层外，一部电梯只停三个楼层，而且，所有电梯停靠的楼层，必须满足从任一层楼都可直达其他所有楼层。问，这两栋楼各自至少需要安装几部电梯？怎么安装？

———————— 解 答 ————————

我们先研究7层楼的情况。

一部电梯只能停三个楼层，要求所有楼层之间可以直达，那么，我们可以把所有直达的情况列成表20-1。

表20-1 7层楼电梯停靠各层直达的情况

2—3				
2—4	3—4			
2—5	3—5	4—5		
2—6	3—6	4—6	5—6	
2—7	3—7	4—7	5—7	6—7

表20-1显示，共需要15种直达情况。每部电梯停靠三个楼层，可以形成3种直达情况，如果所有电梯停靠形成的直达情况都不重复，就需要15÷3=5部电梯。下面，我们看一下，是否可以实现各电梯停靠形成的直达情况不重复的方案。

经过试验，发现必然有重复的直达情况。我们来看一下原因。

把表20-1所表示的电梯停靠方案画成如图20-3所示的点阵图。

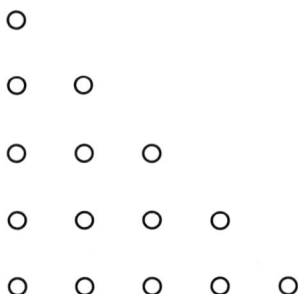

图20-3

每一个点代表一个直达情况，那么，一部电梯三个停靠楼层形成的三个直达情况就是左下角为直角的某一直角三角形的三个顶点，而且，这个直角三角形的底边由左边两个顶点对应的大数决定。比如，某部电梯的停靠楼层为2、3、7，那么，它形成的直达关系必为2—3、2—7、3—7，前两个直达关系2—3和2—7必然在同一列，形成了直角三角形的高，后一个直达关系取决于前两个直达关系中较大的数字，即3—7，它决定了直角三角形的底边，就是图20-4左边的直角三角形。再如，另一部电梯的停靠楼层为3、5、6，就是图20-4右边的直角三角形。

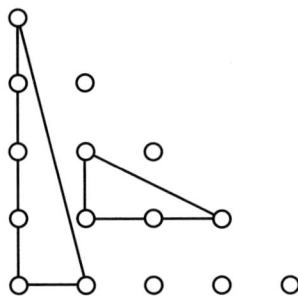

图20-4

由于直角三角形的高必然在一条竖线上，底必然在一条横线上，图20-3中，最左边一列有五个顶点、最下边一行有五个顶点，因此，最左边一列最少需要画三个三角形的高、最下边一行最少需要画三个三角形的底，这样，最左边一列和最下边一行就必然会有一个顶点重复。所以，5部电梯不能实现题目的要求，至少需要6部电梯才有可能。

我们试着画一下，看是否可以画出把全部顶点都占了的6个直角三角形。画三角形的时候，为了使重复的顶点出现得尽可能少，有一个问题需要注意。根据前面分析的结果，最左边一列和最下边一行的顶点必然各会有一个重复，但我们只能让最左边一列和最下边一行最多各出现一个重复顶点，包括左下角为重复顶点时，只能出现这一个，不能让重复顶点出现得更多。

经过试验，是可以画出的，方案有多种。图20-5是其中一种方案。

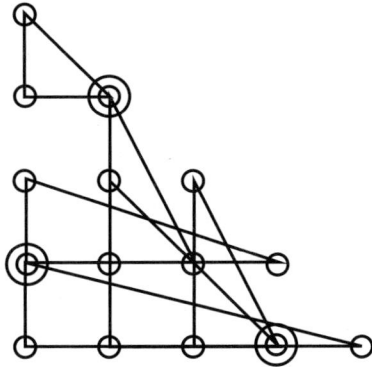

图20-5

经过检验，图20-5中的6个三角形对应的直达情况可以实现题目要求的停靠方案。其中顶点是"◎"的代表重复直达的情况。很明显，共有3三个重复直达的情况，这也与6部电梯共有3×6=18个直达情况减去需要的15个直达情况等于3个重复的直达情况相符。

按照图20-5所示的方案，这6部电梯所停的楼层分别是：

3—4—6、3—5—7、2—5—6、4—5—7、2—6—7、2—3—4

当然，试验的时候，也可以不画三角形，在表中用标记顺序的办法试一下，道理是一样的。比如，图20-5所示的停靠方案，就可以直接在表20-2中做这样的标记。

表20-2　在表中做7层楼电梯停靠方案的标记情况

2—3⑥				
2—4⑥	3—4①⑥			
2—5③	3—5②	4—5④		
2—6③⑤	3—6①	4—6①	5—6③	
2—7⑤	3—7②	4—7④	5—7②④	6—7⑤

我们把这个方案变成6部电梯的停靠情况，就如表20-3所示。

表20-3　7层楼6部电梯的停靠情况

楼层	①	②	③	④	⑤	⑥
第七层		停		停	停	
第六层	停		停		停	
第五层		停	停	停		
第四层	停			停		停
第三层	停	停				停
第二层			停		停	停
第一层	停	停	停	停	停	停

现在再研究8层楼的情况。同样，我们先把所有直达的情况列成表20-4。

表20-4　8层楼电梯停靠各层直达的情况

2—3					
2—4	3—4				
2—5	3—5	4—5			
2—6	3—6	4—6	5—6		
2—7	3—7	4—7	5—7	6—7	
2—8	3—8	4—8	5—8	6—8	7—8

表20-4显示，共需要21种直达情况。如果所有电梯停靠形成的直达情况都不重复，就需要21÷3=7部电梯。

把各方案画成点阵图形，并在这些图形中画三角形。因为最左边一列刚好有六个点，最下边一行刚好有六个点，因此，画三个直角三角形可以把最左边的点刚好用完，画三个直角三角形可以把最下边一行的点刚好用完。之后，再画其他三角形。试一下，有方案可以实现直达不重复。例如，图20-6的方案就可以。

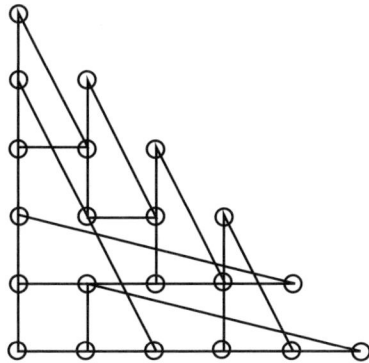

图20-6

当然，也可以在表中直接做标记，如表20-5所示。

表20-5　在表中做8层楼电梯停靠方案的标记情况

2—3①					
2—4②	3—4④				
2—5①	3—5①	4—5⑥			
2—6③	3—6④	4—6④	5—6⑦		
2—7③	3—7⑤	4—7⑥	5—7⑥	6—7③	
2—8②	3—8⑤	4—8②	5—8⑦	6—8⑦	7—8⑤

我们把这个方案变成7部电梯的停靠情况，就如表20-6所示。

表20-6　8层楼7部电梯的停靠情况

楼层	①	②	③	④	⑤	⑥	⑦
第八层		停			停		停
第七层			停		停	停	
第六层			停	停			停
第五层	停					停	停
第四层		停		停		停	
第三层	停			停	停		
第二层	停	停	停				
第一层	停	停	停	停	停	停	停

2 两个玻璃球的试验

玻璃球在一定的高度之上，掉到地面会摔碎。为了测试某种玻璃球从哪一层楼开始，掉到地面就会摔碎，现在，给你两个相同的这种玻璃球，在一栋100层楼里进行实验。假设玻璃球未摔碎前，用其试验的次数不影响结果，地面的质地相同。请问，仅利用这两个玻璃球，最少试验多少次就一定能测出玻璃球从哪一层开始掉到地面就会摔碎？如何试验？

─── 解　答 ───

由于玻璃球摔碎后就不能再次使用，因此，当一个玻璃球在某层掉下来摔碎后，这一层之下未被试验过的各层，就必须从低到高逐层试验。例如，第1次在50层试验，如果玻璃球摔碎了，那么，现在只剩下一个玻璃球，这样的话，就必须从第1层开始，逐层向上试验，否则，第二个玻璃球摔碎后，就不知道其下面未试验的各层是否会摔碎。

我们假设最少需要试验n次。

如果第1次试验玻璃球就摔碎了，那么，根据前面的分析，第1次试验应该选在n层。因为，如果第1次在n层试验，玻璃球摔碎的话，需要从第1层开始逐层试验。最坏的结果是在第$n-1$层摔碎，需要再试验$n-1$次，这样，加上第1次在n层试验，就刚好是n次。

如果第1次试验玻璃球未摔碎，假设此时选择的是x层，那么此时还有$100-x$层未被试验。那么下一次必然要选择x以上的楼层试验。由于最少测试n次一定要测量出结果，因此，下一回可以冒一些险，选择比x层高$n-1$层的位置。这样，假设$x+$（$n-1$）层时玻璃球摔碎，最坏的结果就是从$x+1$层开始，逐层往上试验。但我们还要综合考虑第一种情况——第1次试验玻璃球就摔碎了，所以，x必须等于n。

因此，第1次试验时，选择第n层，剩余$100-n$层未被试验。下一次试验的楼层是$n+$（$n-1$）层。

第2次试验时，选择第$n+$（$n-1$）层。如果玻璃球摔碎，最坏的结果是从$n+1$层开始逐层往上试验，n次内必然测出结果。如果玻璃球未摔碎，由于试验次数为n，而目前已经试验了2次，所以下一次试验的楼层在当前楼层之上$n-2$层，即$n+$（$n-1$）+（$n-2$）层。

第3次试验时，选择第$n+$（$n-1$）+（$n-2$）层。如果玻璃球未摔碎，最坏的结果是从$n+(n-1)+1$层开始，逐层往上试验，n次内必然测出结果。如果玻璃球未摔碎，由于试验次数为n，而目前已经试验了3次，所以下一次试验的楼层在当前楼层之上$n-3$层，即$n+(n-1)+(n-2)+(n-3)$层。

以此类推，第$n-1$次试验时，选择第$n+(n-1)+(n-2)+\cdots+[n-(n-2)]$层，如果玻璃球摔碎，最坏的结果是从$n+(n-1)+\cdots+[n-(n-3)]+1$开始，逐层往上试验，$n$次内必然测出结果。如果玻璃球未摔碎，由于试验次数为n，而目前已经试验了$n-1$次，所以下一次试验的楼层在当前楼层之上$n-(n-1)$层，即1层。也就是说，再试验一次必然得出结果。

第n次试验时，选择第$n+(n-1)+(n-2)+\cdots+[n-(n-2)]+[n-(n-1)]$层。

由于这一栋楼有100层，因此第n次试验的楼层要刚好等于或超过100层。通过观察得知，$n+(n-1)+(n-2)+\cdots+[n-(n-2)]+[n-(n-1)]$是等差数列1，2，3，…，$n$的和，其结果为：$(n+1)/2$。所以$(n+1)/2 \geq 100$，计算得到$n \geq 14$。

所以，最少试验14次，就一定能测出玻璃球从哪一层开始，掉到地面就会摔碎。

另外，由于把n代入前面分析的第n次的层数是$(14+1) \times 14 \div 2 = 105$层。因此，最少试验14次，就一定可以测出在105层楼的范围内，从哪一层开始，掉到地面就会摔碎。各次试验的楼层分别是：14、27、39、50、60、69、77、84、90、95、99、102、104、105。

由于题目给出的楼层范围是100层，因此，各次试验的楼层可以按照105层楼的顺序，取100层之前的楼层，即分别是：14、27、39、50、60、69、77、84、90、95、99、100。也可以有所改变，而且，方案可以有多种。例如，各次试验的楼层也可以是：14、27、39、50、60、69、77、84、90、94、97、99、100。

③ 开密码锁

有一个三位数的密码锁，由于锁坏了，现在，只要任意两位数字对应正确，密码锁就能打开。比如，密码是123，n是任意一个数字，那么，输入$12n$、$1n3$、$n23$中的任意一组数字，锁都能打开。请问，最少试验多少次能确保打开这个密码锁？

—————————— 解　答 ——————————

我们都知道，如果仅试验其中的两位，例如前两位，从00x试到99x，试100次，肯定能打开锁。但由于在试验的过程中，一三位和后两位正确也能打开，因此，最少的方法，肯定不需要100次。问题是，怎么安排试验的三位数字，能确保用最少的次数把锁打开。

三位密码可选择的范围是000~999，共1000个。我们要用一个方案，在试验最少的次数后，能确保把000~999中的所有密码的前两位、一三位和后两位中至少一个两位数组合覆盖到。

三位密码数字与立体坐标系可以对应起来，我们把三位数字分别用立体坐标系的x轴、y轴、z轴表示，如图20-7所示。坐标系的单位是1，图中的立方体共有$10 \times 10 \times 10 = 1000$个点，一个密码就对应坐标系中的一个点。假设密码是abc，那么，这个密码就对应图中的$S(a, b, c)$点。现在要打开密码锁，只要是过S点垂直于任意一个面的三条直线上的点的坐标都可以。用n代表0~9中的任意一个数字，这三条直线即图中立方体内的三条实线：垂直于z面的直线(a, b, n)、垂直于y面的直线(a, n, c)和垂直于x面的直线(n, b, c)。

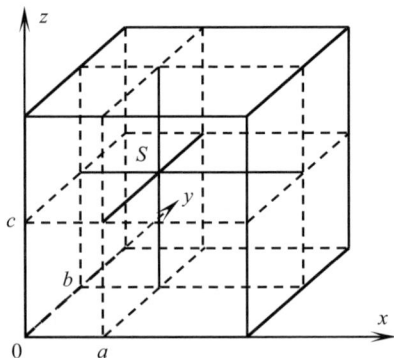

图20-7

那现在，只要我们想办法试验一些密码，即立体坐标系中的一些点，使经过这些点垂直于三个面的所有直线能全部覆盖所有的1000个点，就能成功。

立体坐标系中的任意一个点，经过它垂直于三个面共有三条直线。例如，经过$(0, 0, 0)$点，就覆盖了x、y、z轴三条线上的所有点。假如密码数字只有0和1两个，那么，我们只需试$(0, 0, 0)$和$(1, 1, 1)$两个点，就可以打开锁，无论这个密码是000、001、010、100、110、101、011、111八个中的哪一个都可以。这两个点正好位于立方体的对角。这就给了我们一个启示，如果我们把立方体从中心用x、y、z三个面切开，切成八块，那么，是否可以在两个对角块中找出尽可能少的点，使经过这些点垂直于三个面的直线全部覆盖这一块及与其相邻的三块共四块中的所有点。下面，我们按照上述方法，把立方体分成八块，近左下角的一块与其相邻的三块在一起，远右上角的一块与其相邻的三块在一起，如图20-8所示。那现在问题就变成了，能否从这两块中找出尽可能少的点，使经过过这些点垂直于三个面的直线全部覆盖这一块及与其相邻的三块中的所有点。图20-8左右两部分的情况相同，只需要弄明白一部分的情况，我们以左部分为例进行研究。

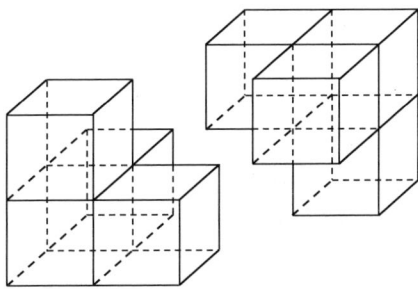

图20-8

在立体坐标系中，左图前左下角的一块，点的坐标范围是0~4，点共有$5\times5\times5=125$个，任意一个方向的一个面，都有$5\times5=25$个点。也就是说，经过一些点垂直于三个面的直线要想全部覆盖任意一个方向的所有点，这些点至少需要25个。那下面我们就看是否能找到这25个点。

因为每一个方向上的一个面都有25个点，因此，要想使经过25个点垂直于三个面的直线全部覆盖任意一个方向的所有点，那就要从三个方向看这25个点，它们全部占满了这个方向上的所有点。

那现在问题就简单了，解密码锁的方法可以转化为：前左下角这一块就好比是$5\times5\times5$个格子，现在有25个小球，把这25个小球放到其中的25个格子中，从任意一个方向看，都能看到25个小球。而要实现这个目标，就必须使任意一个方向看每一层都有5个小球。每一层是5×5个格子，要看到5个小球，必然使其每行、每列只能有一个小球。而要实现这样的目标，有一个很简单的方法，只需要按照某个面各层不同的对角线和泛对角线放小球，就能成功。我们从一个方向分层看这些小球，按照图20-9的方法放，就可以实现了。

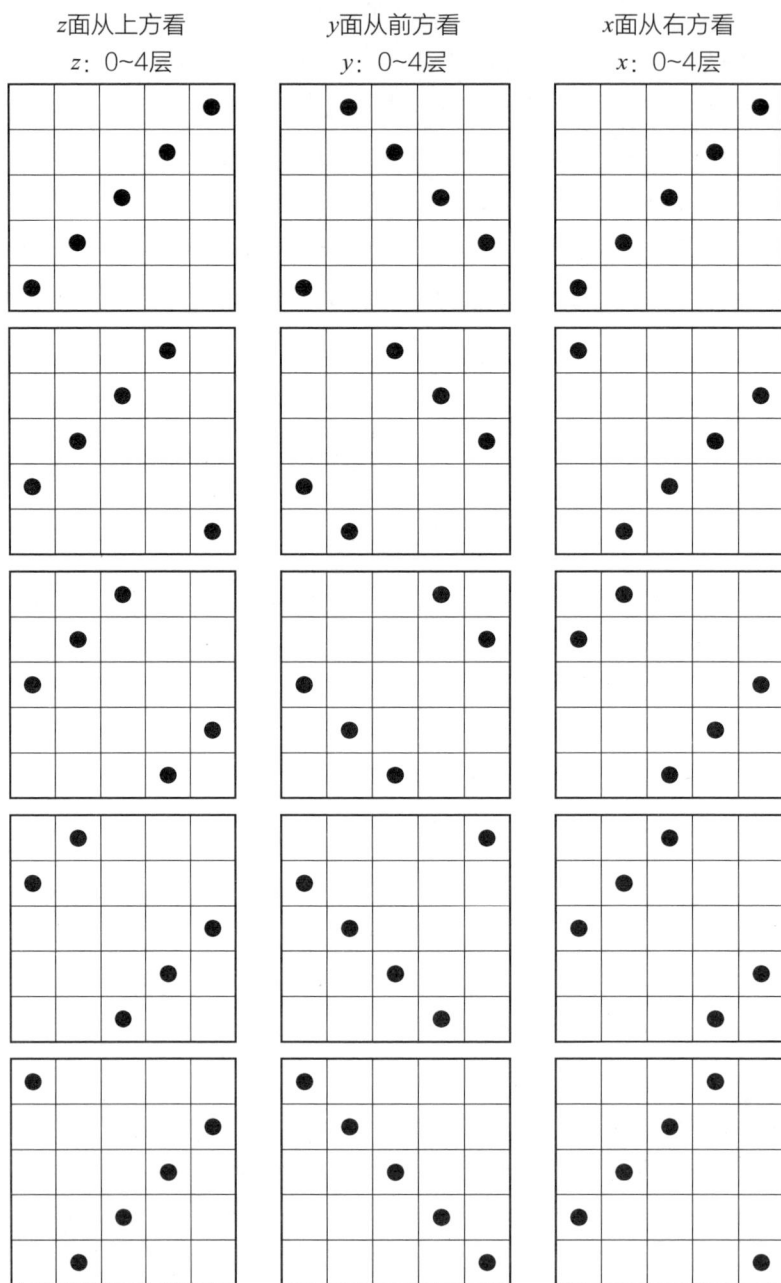

z面从上方看
z：0~4层

y面从前方看
y：0~4层

x面从右方看
x：0~4层

图20-9

这25个小球的坐标分别是：

（0，0，0）（1，1，0）（2，2，0）（3，3，0）（4，4，0）

（0，1，1）（1，2，1）（2，3，1）（3，4，1）（4，0，1）

（0，2，2）（1，3，2）（2，4，2）（3，0，2）（4，1，2）

（0，3，3）（1，4，3）（2，0，3）（3，1，3）（4，2，3）

（0，4，4）（1，0，4）（2，1，4）（3，2，4）（4，3，4）

同样的道理，远右上角那部分也可以用25个小球实现从各面看皆有25个小球的目标。其位置可以直接推理出来。简单的方法有两种，一是把前25个小球向x、y、z方向各移动5，就可以得到。用这种方法，给前25个小球坐标的每个数字各加5，就可以了。二是把前25个小球关于（0，0，0）和（9，9，9）连成的对角线翻转，就可以得到。用这种方法，分别用9减去前25个小球坐标的每个数字，就可以了。我们采取第二种方法，算出这25个小球的坐标分别是：

（9，9，9）（8，8，9）（7，7，9）（6，6，9）（5，5，9）

（9，8，8）（8，7，8）（7，6，8）（6，5，8）（5，9，8）

（9，7，7）（8，6，7）（7，5，7）（6，9，7）（5，8，7）

（9，6，6）（8，5，6）（7，9，6）（6，8，6）（5，7，6）

（9，5，5）（8，9，5）（7，8，5）（6，7，5）（5，6，5）

当然，还有其他方法也可以排出50个小球，但无论哪种具体方法，其道理都是相同的。所以，最少50次就可以确保打开密码锁。把上面的50个坐标换成密码，就是最少试验50次密码可以成功的方法之一。密码如下：

000、110、220、330、440、011、121、231、341、401、

022、132、242、302、412、033、143、203、313、423、

044、104、214、324、434、999、889、779、669、559、

988、878、768、658、598、977、867、757、697、587、

966、856、796、686、576、955、895、785、675、565。

第五节　设计阵势形状

一定数量的人或物，按照不同的阵势形状排列，会形成不同的效果。

1 放小球

把12颗小球放成6行，每行4颗，怎么放？

———————————— 解　　答 ————————————

每行4颗，6行就是4×6=24颗。也就是说，这些小球每颗要平均用2次。画一个六角星，在顶点和交点上各放一个小球，就刚好符合要求。如图20-10所示。

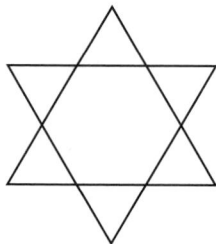

图20-10

2 栽树

一些数学家对设计阵势形状的问题也有过研究。英国数学家亨利·恩斯特·杜德尼讲到过16棵树，每行栽4棵，栽成15行的问题。请问，这个问题怎么解决？

———————————— 解　　答 ————————————

五角星的每条线上，恰好有四个点，在这些点上栽树，可以共用多棵。如果在其中再套一个小五角星，那共用的就会更多。如图20-11所示。

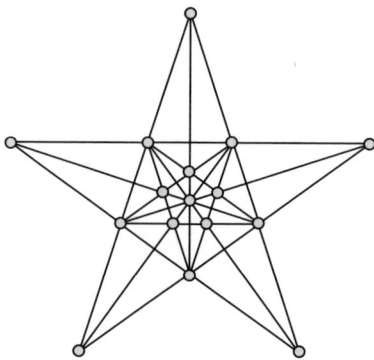

图20-11

第六节　揭秘数字游戏

数字是数学最根本的元素，没有数字，就没有数学。看似简单的数字，却充满了神奇的奥秘。有时，一些让人感到十分奇怪的现象，其本质并不神秘，因为，在它背后，数字规律发挥着作用。

1　选数

小诸葛说，从1~1024共1024个自然数中，你随便选一个数，不要告诉他，当他问你问题时，你只需回答"是"或"不是"，他只要问你10次就一定能猜出你所选的数。他能吗？是怎么猜的？

—————————— 解　答 ——————————

1024是2的10次方，运用10次对半分的办法，就能把所选的数猜出来。

猜数的具体方法是：

第一次问答，把目标数字的范围缩小到1024的一半，即2^9=512个数字之内。把1~1024这1024个数字，分成数量相同的两部分，比如按大小分，一部分是1~512，另一部分是513~1024。这样，就可以问："这个数比512大吗？"在得到"是"或"不是"的答案后，就能确定这个数是在1~512的范围内还是在513~1024的范围内。比如说得到了肯定的答案，那就说明这个数在513~1024的范围内。

第二次问答，把目标数字的范围缩小到512的一半，即2^8=256个数字之内。把513~1024这512个数字分成数量相同的两部分，仍按大小分，一部分是513~768，另一部分是769~1024。问"这个数字比768大吗？"在得到"是"或"不是"的答案后，就能确定这个数是在513~768的范围内还是在769~1024的范围内。比如说得到了否定的答案，那就说明这个数在513~768的范围内。

运用同样的方法，后面八次问答，就可以逐步把数字缩小到2^7=128、2^6=64、2^5=32、2^4=16、2^3=8、2^2=4、2^1=2、2^0=1个数字范围内，这样就能猜到所选的那个数了。

2　接续数数

记得我上初中一年级的时候，学校里流行一种数数游戏：从1开始，两个人累加接续往上数数，每人最少数一个数字，最多数两个数字。例如，甲数到了"17"后，乙可数"18"，也可数"18、19"。谁数到"30"谁赢。

玩这个游戏，如果掌握了其中的诀窍，可以保证后数的人必胜，而且如果对方未掌握其中的奥妙，那么，即使先数，也有可能获胜。请问，其中的诀窍是什么？

解　答

我们从后往前分析：

自己要数到"30"，必须保证自己数到"27"，不能让对方数到"27"。因为，如果自己数到"27"停下来之后，无论对方是数"28"还是"28、29"，自己都可以数到"30"。相反，如果对方数到"27"停下来之后，无论自己是数"28"还是"28、29"，对方都可以数到"30"。

依此类推，自己应该数到"24、21、18、15、12、9、6、3"时停下。这些数字有一个明显的规律：3的倍数。也就是说，你每次都数到3的倍数就停下，就能保证必定赢。这样，当对方先数时，无论他数"1"还是"1、2"，你都能数到"3"停下。依此类推，他数一个你就数两个，他数两个你就数一个，这样始终能保证你每次数到3的倍数就停下，从而保证了能数到"30"。

假若是由自己开始数，一下子不能掌握住3的倍数，那就要早给对方创造失误的机会，从而尽快抓住3的倍数，以早定胜负。

生活中玩这类游戏时，也可以看到有时人们规定谁数到"30"谁败。按照这一规则玩游戏，那就要想办法迫使对方数到"30"，这样，自己就要保证数到"29"停下，以迫使对方数到"30"。按照上面的道理，自己就应该数到"26、23、20、17、14、11、8、5、2"，它们都是3的倍数减去1。

把此题推而广之，我们另举一例：

假若规定从1开始数到50，每人最多数4个，最少数1个，谁数到50谁败。那么，你就应保证数到"49、44、39、34、29、24、19、14、9、4"。它们都是5的倍数减去1。当你掌握了某个关键数以后，无论其他参与者数几个数字，你都能保证继续数到下一个关键数停下——他数1个，你就数4个；他数2个，你就数3个；他数3个，你就数2个；他数4个，你就数1个。这样，你就赢了。

接续数数游戏和巴什博弈的原理相同。巴什博弈是这样的：有一堆总数为n的物品，两位玩家轮流从中拿取这些物品，每次至少拿1件，至多拿m件，不能不拿，拿最后一件物品的人获胜或落败。比如，把本题换成取物游戏，可以这样说：有一堆石子，共有30个，两个人轮流取1个或2个，谁取到最后1个谁获胜。其策略就是，尽快使自己取走后剩下的石子数量是3的倍数。一旦实现了这一情况，之后，对方取1个，我就取2个；对方取2个，我就取1个。到最后剩下3个的时候，对方无论如何取，我都能取到最后1个。双方都掌握了这个策略，后手可以确保获胜。百度APP出品的全国首档实境博弈实验节目《决胜21天》中，也有一个巴什博弈：在棋盘上有100个棋子，两位玩家，每次拿走1至7个，谁拿走最后1个谁输。其策略是，尽快使自己取走后剩下的棋子数量是8的倍数加1，可以表示为$8a+1$。一旦实现了这一情况，之后，对方取x个，我就取$8-x$个。最后会剩下1个，迫使对方拿走。双方都掌握了这个策略，先手先拿3个，可以确保获胜。

③ 升级版接续数数

两个人接续数数的游戏，有一种升级版，要求从1开始数起，每人只能数1个、2个或4个数，谁数到25谁输。玩这种游戏，有什么诀窍？

──────────── 解　答 ────────────

按谁数到25谁输的规则，如果我方能数到24，那对方就必然会输，但由于每次可数的数字是1、2、4个数，因此，还要在我方不能确保数到24时，确保数到另外的一个或几个数，迫使对方数到25。我们分析一下：

我方数23肯定不行，因为对方数1，我方就只有25可数了。

我方数22也不行，因为对方数2，我方就只有25可数了。

我方数21可以，因为对方不可能数4，当对方数1时，我方数2，就数到了24；当对方数2时，我方数1，就数到了24。

所以，如果我方确保数到24或21，就会迫使对方数25。

进一步推理发现，如果我方确保数3的倍数，最终就能数到24或21，迫使对方数25。

所以，玩这种游戏的策略就是，尽量早地数到3的倍数。如果数到了3的倍数，对方数1，我方就数2；对方数2，我方就数1或4；对方数4，我方就数2。如果没有数到3的倍数，就少数，赶快给对方创造犯错的机会，争取我方早早掌握住3的倍数。

如果双方都掌握了这一策略，那么，后数的人能确保赢。

4 **15点**

有九张卡片，分别写有数字1~9，两人轮流取卡片，每次取一张，谁先使双方已取出的数字之和为15，谁就获胜。请问，如果先取，有什么策略能使自己获胜？

———————— 解　答 ————————

在这九个数字中，除了5，每个数字都可以与另一个数字结对相加为10。根据这一规律，可以制定如下策略。

先取5，之后，无论对方取哪个数字，自己再取，都可使双方取的前三个数字之和为15。

其实，这就好比在填三阶幻方，看谁填的数字能先使某一行、某一列或某一条对角线上填满三个数字。自己先在中间一格填上5，对方接着无论在剩下的8个格子中的哪一格填数字，这个数字都会与5一起使某一行、某一列或某一条对角线上有两个数字。差哪个数字，自己填哪个数字，就成功了。

第二十一章　神奇现象求原因

任何现象的产生，都必定会有原因，神奇现象的背后，也必然有着一定的原因。数学方面的智力题中，有一类是专门研究神奇现象的。这些现象看似奇怪，其实，其背后的数学原理可能并不那么深奥复杂，而知道了其背后的数学原理，这些神奇的现象也就不那么神奇了。

第一节　准确的猜测

对未来事情的预测，从是否科学的角度，有两类方法，一是算卦，这是迷信活动，不可相信；二是推理，这是科学行为，值得相信。在数学方面的智力题中，有一些间接知道结果的题目，如果不懂得相关的数学原理，就有可能不知道为什么会得到相关的结果，甚至会觉得这怎么像是在算卦一样。本节我们就来看看这类题目，找出有关的数学原理。

1 猜最后一个数字

数学老师说，一个任意位的数，打乱各位的数字，再重新组成一个新数，这两个数的差，由你任意选定一个不是9的数字，只要你告诉了其他数字，他就知道你选定的数字是几。请问，数学老师是怎么知道的？

——————————— 解　答 ———————————

一个数，它除以9后如果有余数，那么，把这个数中的数字重排后除以9，余数不会变化。这样，这个数和它的各位数重排后的数之差，必然会被9整除，差的各位数相加，也就能被9整除。所以，知道了差的其他数字，看它与9的倍数差几，那么，最后一个数字就会是几。如果其他数字刚好是9的倍数，那么，最后一个数字要么是0，要么是9，但由于题目说选定的数字不是9，因此，这种情况下，就只能是0。

2 算姓

我第一次见到"算姓"，是在上大学时的一次外出活动中。在街上，有人摆着摊子，专门"算姓"挣钱。后来才知道，原来，"算姓"就像算卦一样，是一个职业，很多地方都有人在摆摊"算姓"。甚至，有的人为增加神秘感，还会专门打一个幌子，在摊位上写着"量指算姓"的字样，并在"算姓"时装模作样地量指头。

算姓的人通常会在地上铺一张大纸，上面画着一些方格，每个方格里面写着各不相同的姓氏若干。他会让你看你的姓氏在哪个方格中。当你给他指出那个方格以后，他又会拿出一沓卡片，每张卡片上也写了许多姓氏，再让你看自己的姓氏在哪张卡片上。你告诉了他之后，他就会说出你的姓氏来，非常准确！

难道算卦的人真的能算出人们的姓氏吗？

下面，我以近年我国人口数量排名靠前的500个姓氏为例，分别排在25个方格和20张卡片上，如图21-1、图21-2所示。这500个姓氏占了中国人口的绝大多数，绝大多数读者都可以从这里找到自己的姓氏，因此，算姓的人要是拿上这些图表算姓，成功率会非常高。

第1格	第2格	第3格	第4格	第5格
李王张刘陈杨赵黄周吴徐孙胡朱高林何郭马罗	梁宋郑谢韩唐冯于董萧程曹袁邓许傅沈曾彭吕	苏卢蒋蔡贾丁魏薛叶阎余潘杜戴夏钟汪田任姜	范方石姚谭廖邹熊金陆郝孔白崔康毛邱秦江史	顾侯邵孟龙万段雷钱汤尹黎易常武乔贺赖龚文

第6格	第7格	第8格	第9格	第10格
庞樊兰殷施陶洪翟安颜倪严牛温芦季俞章鲁葛	伍韦申尤毕聂丛焦向柳邢路岳齐沿梅莫庄辛管	祝左涂谷祁时舒耿牟卜肖詹关苗凌费纪靳盛童	欧甄项曲成游阳裴席卫查屈鲍位覃霍翁隋植甘	景薄单包司柏宁柯阮桂闵欧阳解强柴华车冉房边

第11格	第12格	第13格	第14格	第15格
净阴闫佘练骆付代麦容悲初瞿褚班全名井米谈	宫虞奚佟符蒲穆漆卞东储党从艾茹厉岑燕吉冷	仇伊首郁娄楚邝历狄简胥连帅封危支原滕苑信	索栗官沙池藏师国巩刁茅杭巫居窦皮戈麻饶习	巴旷宗荆荣孝蔺廉员西寇刃见底区郦卓琚续朴

第16格	第17格	第18格	第19格	第20格
蒙敖花应喻冀尚顿菅嵇雒弓忻权谌卿扈海冼伦	鹿宿山桑裘达么宣智尉迟东方幺郎农戚屠楼步鞠仲	尉蓝招攀栾籍寿邬奕税逢加勾由福缑钦鲜于但邸	逢况鄢古乐斯钮盖旦毅邰哈鄂商英迟全亓玄黑	腾晏禹诸苟湛殳亢奉占闻粟种匡宾劳申屠伏过水

第21格	第22格	第23格	第24格	第25格
真宇巢计羌相辜展丑银丰矫上昝绳臧舍郅布糜	乌衣来恒那满门司徒皋旺公言藤释尧缪干阚靖渠	契晋六束良鹗贝邴沃竺扬励归上官荦焉多都果郜	隆诸葛令狐慕礼祖翦力朗撒修呼富明站虢冶茹襁笪	云肇平弋盘候尔姬宝畅冒邲延禅浦敬颉南巍补

图21-1

第1张卡片	第2张卡片	第3张卡片	第4张卡片
云隆契乌真 腾逢尉鹿蒙 巴索仇宫净 景欧祝伍庞 顾范苏梁李	肇诸葛晋衣宇 晏况蓝宿敖 旷栗伊虞阴 薄甄左韦樊 侯方卢宋王	平令狐六来巢 禹鄢招山花 宗官首奚闫 单项涂申兰 邵石蒋郑张	弋慕束恒计 诸古攀桑应 荆沙郁佟佘 包曲谷尤殷 孟姚蔡谢刘
第5张卡片	第6张卡片	第7张卡片	第8张卡片
盘礼良那羌 苟乐栾裴喻 荣池娄符练 司成祁毕施 龙谭贾韩陈	候祖鹗满相 湛斯籍达冀 孝藏楚蒲骆 柏游时聂陶 万廖丁唐杨	尔巁贝门辜 殳钮寿么尚 蔺师邝穆付 宁阳舒丛洪 段邹魏冯赵	姬力邴司徒展 亢盖邬宣顿 廉国历漆代 柯裴耿焦翟 雷熊薛于黄
第9张卡片	第10张卡片	第11张卡片	第12张卡片
宝朗沃皋丑 奉旦荚智菅 员巩狄卜麦 阮席牟向安 钱金叶董周	畅撒竺旺银 占毅税尉迟嵇 西刁简东容 桂卫卜柳颜 汤陆阎萧吴	冒修扬公丰 闻邰逢东方弓 寇茅胥储悲 闵查肖邢倪 尹郝余程徐	郏呼励言矫 粟哈加幺弓 刃杭连党初 欧阳屈詹路严 黎孔潘曹孙
第13张卡片	第14张卡片	第15张卡片	第16张卡片
延富归藤上 种鄂勾郎忻 见巫帅从瞿 解鲍关岳牛 易白杜袁胡	禅明上官释昝 匡商由农权 底居封艾褚 强位苗齐温 常崔戴邓朱	浦站荃尧绳 宾英福戚谌 区窦危苻班 柴覃凌沿芦 武康夏许高	敬虢焉缪臧 劳迟缑屠卿 郦皮支厉全 华霍费梅季 乔毛钟傅林
第17张卡片	第18张卡片	第19张卡片	第20张卡片
颉冶多干舍 申屠全钦楼扈 卓戈原岑名 车翁纪莫俞 贺邱汪沈何	南茹都阚郅 伏亓鲜于步海 琚麻滕燕井 冉隋靳庄章 赖秦田曾郭	巍禤果靖布 过玄但鞠冼 续饶苑吉米 房植盛辛鲁 龚江任彭马	补笪郜渠糜 水黑邸仲伦 朴习信冷谈 边甘童管葛 文史姜吕罗

图21-2

───── 解　答 ─────

我们先试一下看有什么规律：假若有一个人的姓氏在第2个方格和第7张卡片上，那么我们可以看出，第2个方格和第7张卡片上相同的姓氏只有一个：冯，就是第2个方格的第7个姓，或第7个方格的倒数第2个姓。再找，你就会发现这么一个规律：第 m 方格的第 n 个姓也就是第 n 张卡片上的倒数第 m 个姓。

原来，这些方格和卡片是这样排列的：先把500个姓分别排在25个方格中，每个方格20个姓。然后，按从前到后的顺序，依次从每个方格中取一个姓，按从后到前的顺序，排在每张卡片上，共能排成20张卡片，每张卡片上25个姓氏。这样，指出一个方格和一张卡片，就可以找到唯一的姓氏了。

当然，现实中的算姓人有可能会按照其他顺序排列方格和卡片，但无论如何排，万变不离其宗。其根本原理都是按一定的规律把一定数量的姓氏分别排列在方格中和卡片上。原则是当你找出某个姓氏在某个方格和某张卡片上时，能找出且能容易找出这个姓氏来。

3　找扑克

从一副扑克中，任意拿出27张牌，你默定一张，然后将牌排成3行，每行9张。玩家问你那张牌在哪一行，你如实回答。然后，玩家收牌，重新排成3行，再问你那张牌在哪一行，你如实回答。再之后，你收牌，再次把牌重新排成3行，玩家做两次调整，每次只互换两个位置的扑克，最后问你那张牌在哪一行，你如实回答，玩家就能知道你默定的是哪张牌了。请问，玩家是如何做到的？

───── 解　答 ─────

你第一次回答在某一行后，玩家能把你默定的牌缩小到9张范围内。

玩家在收牌和第二次重新排成3行的过程中，要把你默定牌所在行的那9张牌分别放在3行，每行3张。这样，你第二次回答后，玩家就能把你默定的牌缩小到3张的范围内，并且记住这3张牌。

第三次你把扑克牌排成三行后，无论这3张牌在什么位置，玩家都能利用两次调整的机会，把它们分别排在三行。这样，第三次问答后，玩家就能选出你默定的那张牌了。

第二节 奇妙的结果

有时，事情的发展结果会出乎人们的意料，让人们感到很奇妙。本节的题目就是问为什么会出现奇妙的结果。

1 十六格中的四个数字之和

如图21-3所示，在4×4方格中，按照顺序填有1~16共16个数字。

1	2	3	4
5	6	7	8
9	10	11	12
13	14	15	16

图21-3

现在，从这个表中选出四个数字，每一行和每一列各只选一个数字。无论怎么选，四个数字之和都是34。请问，这是什么原因？

———————— 解　答 ————————

表中的数字是按照顺序排列起来的。我们发现，第二行的数字等于第一行的数字加4，第三行的数字等于第一行的数字加8，第四行的数字等于第一行的数字加12。

由于所选的四个数字，分处于不同的行和列，因此，我们可以认为，无论这四个数字是哪四个，我们让第一行的数字不变，让第二行的数字减去4，让第三行的数字减去8，让第四行的数字减去12，必然就是1、2、3、4。所以，这四个数字之和必然就是，在第一行数字之和的基础上，再加上4、8、12，即：

（1+2+3+4）+4+8+12=34

为直观易看，我们举一个例子，如图21-4所示。

	1	2	3	④
+4	⑤	6	7	8
+8	9	10	⑪	12
+12	13	⑭	15	16

图21-4

第一列是5，在第二行，5减去4，就是第一行的1；

第二列是14，在第三行，14减去12，就是第一行的2；

第三列是11，在第三行，11减去8，就是第一行的3；

第四列是4，就在第一行。

第二行到第四行各有一个数字减去4、8、12，和第一行的数字一起，就是1、2、3、4。所以，它们之和必然是34。

$$4+5+11+14$$
$$=4+（1+4）+（3+8）+（2+12）$$
$$=（1+2+3+4）+4+8+12$$
$$=34$$

2 亮着的灯

有100只电灯，它们各自被独立的开关控制着，给它们分别标上序号1~100，并且全部关闭。现在，把序号是1的倍数的灯的开关拉一下，再把序号是2的倍数的灯的开关拉一下，再把序号是3的倍数的灯的开关拉一下，依此类推，进行下去，直到把序号是100的倍数的灯的开关拉一下。结果，到最后亮的灯有10只，它们的序号分别是：1、4、9、16、25、36、49、64、81、100，恰好分别是1、2、3、4、5、6、7、8、9、10的平方。请问，为什么亮着的灯的序号都是平方数？

—————————— 解　答 ——————————

任意一只灯，如果它的开关被拉单数次，那么，最后它就是亮着的；被拉双数次，那么，最后它就是关着的。按照题目所述的办法，第n只灯被拉的次数是单数还是双数，取决于它的因数是单数还是双数。那下面我们就考察一下平方数和其他数字的因数是单数还是双数。

任意一个数n，如果d是它的因数，那么，$\frac{n}{d}$也是它的因数。

当n不是平方数时，d与$\frac{n}{d}$不会相等，否则$d^2=n$，n就成了平方数。因此，一个非平方数的因数总是成对出现的。所以，序号是非平方数时，该灯被拉的次数是双数，最后会处于关闭状态。

当n是平方数m^2时，它的因数中，除因数$m=d=\dfrac{n}{d}$外，其余因数都是成对出现的，所以，序号是平方数时，该灯被拉的次数是单数，最后会处于打开状态。

3 有趣的洗牌

魔术师先把一叠偶数张扑克牌的黑牌和红牌交错排列，再把这叠纸牌大致分成两半，使分开的两叠纸牌最下面的牌颜色不同。然后，让观众把这分开的两叠牌用交叉洗牌的办法再洗在一起，无论洗得是否彻底都可以。交叉洗牌的方法如图21-5所示。

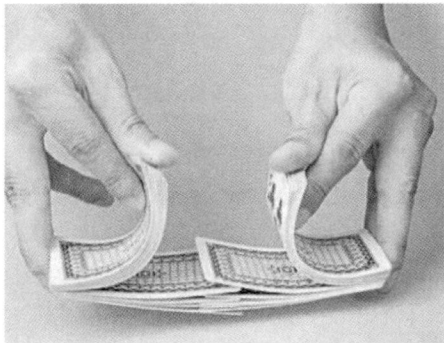

图21-5

当观众洗完牌后，魔术师翻开这叠牌最上面的两张牌，肯定是一张黑牌和一张红牌，接下来的两张牌也是一黑一红。而且，所有依次取出的一对牌中都有一张黑牌，一张红牌。当然，每一对牌中的黑牌和红牌不一定是哪一种次序。请问，为什么会出现这种情况？

解 答

假设牌事先是按照"黑红黑红黑红……黑红黑红黑红"的顺序交错排列的。将这些牌大致分成两半，得到两叠牌，这两叠牌的颜色情况就是：

一叠牌是"黑红黑……红黑红黑红黑红黑"；

另一叠牌是"红黑红……黑红黑红黑红黑红"。

在开始洗牌时，一叠牌的最下面一张为黑牌，另一叠牌的最下面一张为红牌。

假设红牌最先落到桌面上，那么，这时两叠牌的最下面一张都是黑牌，因此，无论接下来是哪叠牌的一张落下来，它都必然是黑牌，当它落下来时，就与最先落下来的红牌形成了由"红—黑"组成的一对牌。

相反，假设最先落下来的一张牌是黑牌，那么，这时两叠牌最下面的一张都会成为红牌，接下来落下的牌就会与最先落下来的黑牌形成"黑—红"组成的一对牌。

当头两张牌落下来后，这时两叠牌又会成为开始洗牌的情况：两叠牌最下面一张的颜色不同。

再往下洗，前面的过程会重复下去，从而保证了连续的每一对牌中肯定都是各有一张黑牌和一张红牌。而且，即使有一部分牌没有洗开，即有一部分牌连续来自某一叠牌，也不会影响洗牌的结果。

这一非常有趣的现象是由计算机专家、业余魔术师诺曼·吉尔布雷思（Norman Gilbreath）发现的，被称为吉尔布雷思原理。

第三节　怪异的情况

出现怪异的情况时，人们总是会寻找造成这种情况的原因。数学方面的智力题，有一种题目就是专门给出一个看似怪异的情况，问其原因是什么。

1　十文钱到哪里去了

三个秀才在赶考的途中，到旅店投宿。房价每间300文，三人合住一个房间，每人向店老板付了100文钱。后来老板见三人可怜，就优惠了50文，让店小二拿着还给三个人，店小二想50文钱三个人不好分，不如自己拿走20文，把剩下的30文还给三个秀才。

这样的话，每个秀才实际各付了90文，合计270文。加上店小二私吞的20文，等于290文。请问，还有10文钱哪里去了？

—— 解　答 ——

三个秀才原来付的300文钱，其中有老板收的250文、退还给三个秀才的30文和店小二私吞的20文，即：

$$300=250+50$$

$$300=250+30+20$$

三个秀才实际共付了270文，其中，店老板收了250文，店小二私吞了20文，即：

$$270=250+20$$

店小二私吞的20文包括在秀才实际付的270文中，它们相加没有意义，与秀才原来付的300文没有可比性，所以，根本就不存在"10文钱哪里去了"的问题。

2 穿光盘

2020年后半年，手机上流传这么一个小视频。如图21-6所示，在A4纸的中央，有一个正方形孔。这个正方形各边的延长线与A4纸的各角相交，与A4纸各边呈45°角。正方形孔的对角线明显比光盘小，因此，光盘无法从这个孔中穿过去。

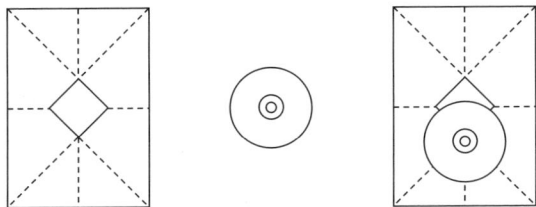

图21-6

经过测量，光盘的直径是12cm。A4纸的长是29.7cm，宽是21cm。经过计算，中间正方形孔的对角线是8.7cm，因此，光盘确实是穿不过去的。

但是，把A4纸进行如下四步折叠后，再穿光盘，就会出现一个让人觉得很神奇的现象。

第一步，把A4纸向下对折，如图21-7所示。

第二步，把A4纸向左对折，如图21-8所示。

第三步，沿着图21-8中的虚线，把上面的两层纸一起向右下方折，如图21-9所示。

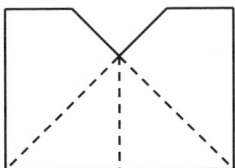
图21-7

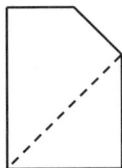
图21-8

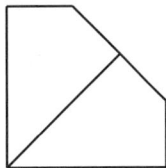
图21-9

第四步，把折在左下角的第二层和第三层，即A4纸折前的右下角拉开，塞到下一层即A4纸折前的左上角和左下角之间。

转动纸张，使孔在正上方，孔相对的角在正下方，如图21-10所示。

然后，把光盘从正下方角的六层纸中间向孔的方向往里面塞，如图21-11所示。之后，提起这个角，光盘就会从孔中掉出来，如图21-12所示。

请问，为什么折叠过后，光盘就能从孔中穿过去了呢？

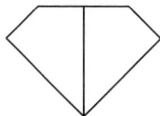
图21-10

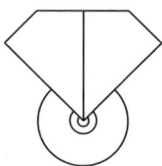
图21-11

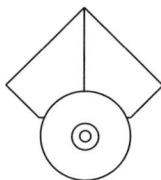
图21-12

━━━━━━━━━━ 解　　答 ━━━━━━━━━━

光盘的直径是12cm，A4纸中间正方形孔的对角线是8.7cm，因此，未折纸之前，光盘确实穿不过去。折纸后，光盘能从孔中穿过去，那孔肯定要大于12cm。但是，这是怎么做到的呢？

我们为A4纸中间的正方形孔标上字母，如图21-13所示。在折叠的过程中，其实是把C点折到了C'点的位置，如图21-14所示。而折成图21-15时，AC的距离就变成了AB+DC。

$$AB+DC=2\left(\frac{8.7}{2}\times\sqrt{2}\right)\approx 12.3\text{cm}$$

AC的距离约12.3cm，刚好比光盘直径12cm大了一点，因此，光盘可以穿过去。

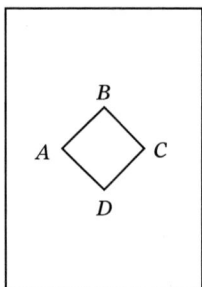
图21-13

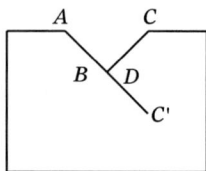
图21-14

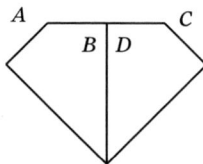
图21-15

参 考 资 料

［1］花家镛，花有亮.智力游戏1000例［M］.上海：汉语大词典出版社，2004.

［2］陈书凯.聪明人的思维游戏［M］.北京：海潮出版社，2006.

［3］秦志.聪明人的思维游戏［M］.北京：海潮出版社，2006.

［4］袭村野，黎娜.全世界聪明人都在做的600个思维游戏［M］.沈阳：万卷出版公司，2007.

［5］杜德耐.全世界都在玩的有趣数学题［M］.北京：现代出版社，2007.

［6］萨默斯.逻辑推理新趣题［M］.林自新，译.上海：上海科技教育出版社，1999.

［7］杜德尼.亨利·杜德尼的数学趣题［M］.周水涛，译.上海：上海科技教育出版社，2007.

［8］余般石.国内外数学趣题集锦［M］.上海：上海科技教育出版社，2002.

［9］芦原伸之.超超难数理谜题：能解答就不妨试试［M］.甄晓仁，译.北京：北京理工大学出版社，2007.

［10］小野田博一.推理论辩谜题精选：逻辑思维训练［M］.龚裕，译.北京：北京理工大学出版社，2007.

［11］伊库纳契夫.数学的奥妙［M］.王力，译.北京：北京燕山出版社，2007.

［12］陶臣铨，毛澎芬.训练思维的数学趣题［M］.上海：上海科技教育出版社，2002.

后　　记

　　我自幼喜欢智力题，几十年来，一直对智力题有着浓厚的兴趣。自从上大学时萌生写智力题书的想法后，三十年来一直没有放弃做这件事情。1999年，本书的初稿出版，但我不是很满意，总想着把这本书修改完善好。写这本书，我花了很多时间，下了很大功夫，如今，终于写成了这本我觉得比较满意的书稿。虽然很辛苦，但是很高兴。

　　读了这本书，大家做智力题的能力肯定能得到系统性的大幅提高，智力会得到一定程度的开发，人会比以前更聪明——这是我深信不疑的！但会做题，只会把题做好并不算真聪明；会做事，能把事做好，才是真聪明。然而，会做事，只会把事做好还不算大聪明；会做人，能把人做好，才是最大的聪明。所以，做题，是小学问；做事，是中学问；做人，才是一生的大学问！我衷心祝愿：

　　愿天下好人聪明！

　　愿天下聪明人好！